組織セラピー

組織感情への臨床アプローチ

E・H・シャイン [編著]

尾川丈一・稲葉祐之・木村琢磨 [訳]

東京 白桃書房 神田

Organizational Therapy: Multiple Perspectives
by
Edgar H. Schein, et al.

Copyright © 2009 by Alternative View Publishing
Japanese translation rights arranged with Alternative View Publishing
through Japan UNI Agency, Inc., Tokyo.

日本語版によせて

『組織セラピー：組織感情への臨床アプローチ』の日本語版によせて，ご挨拶できることを大変嬉しく思います。本書は，私の2人の日本人の同僚のご尽力なくしては，出版することはできませんでした。故稲葉元吉教授と尾川丈一博士のご努力によって，私たちのグループは何年にもわたって，研究を続けることができたのです。

私たちの目的は，とても野心的なものでした。フロイト，ユング，ブリーフ・セラピー，家族療法，プロセス・コンサルテーションの理論家を一堂に集め，組織の中で働くということについて，各々の異なるモデルが何を示すかを探究したのです。尾川博士はこれらの理論を統合するため，何年にもわたり年に1～2回のミーティングを，穏やかではありますが確固とした態度で実現してくれました。理論の統合が上手くいったかはわかりませんが，私たちはお互いに異なる研究方法を理解し，お互いの研究が大変価値のあることを確認することができました。

最後に，私たちは研究をまとめる方法として，多角的な視点を重視し，各々の再構築された主張に基づいて文章をまとめ，組織を助ける方法は広汎にわたりさまざまな方法があることを，読者の皆さん1人1人に経験していただくのが一番良いのではないかという結論に達しました。本書がまた，日本の社会科学者やセラピストの皆さんを刺激して，厳しさの増す環境に対処するリーダーやマネジャーに対して，どのようにすれば効果的な助けを提供できるかを探求し続けてほしいと願っています。

この日本語版は，尾川博士，故稲葉元吉教授の御子息でいらっしゃる稲葉祐之博士，それに，木村琢磨博士の翻訳により，白桃書房から出版されます。

エドガー・H・シャイン
MITスローンマネジメントスクール名誉教授

はじめに

　本書において，著者らは個人やグループにおける治療プロセス，および，組織におけるコンサルティング・プロセスとの関連性について議論した。組織への「セラピー」という発想は実現可能なのだろうか。これまで多くのセラピストが組織へのコンサルテーションを行い，多くの組織コンサルタントが組織内における個人やグループの問題を取り扱ってきた。しかし，この種のグループに使用されたプロセスには，共通する理論的基礎があるのか，個人のセラピー分野では顕著である多様性を反映しているのか，という問題には答えてはこなかった。

　理論はプロセスに情報を与えるが，理論的相違が必ずしも，コンサルタントやセラピストに大きな相違をもたらすというわけではない。そのため，本書の第1の目的は，多様性を考慮に入れたうえで「人を助けるプロセス」を探求することとした。そのうえで，基礎理論が異なるアプローチを検証し，すべての相違を超えて，コンサルティング・プロセスに共通点があるのかを考察する。

　本書の題材は，5年に及ぶミーティングの成果を基としている。ミーティングには，フロイト派，ユング派を継承し個人のセラピーも行っている組織コンサルタント，グループや組織のコンサルタントを行うサリバン派あるいはエリクソン派のセラピストが2人，組織の分野を専門とするプロセス・コンサルタント，主に日本で活躍しさまざまな理論を統合する情熱に燃える組織コンサルタント，というユニークなメンバーが参加してくれた。

　このミーティングは年に1回，あるいは半年に1回開催され，1日掛けて，さまざまな傾向や理論的位置，サンプルとなるケースを検証した。5年の間に私たちは何度も論文や著作を交換し，お互いの視点を十分に理解するに至った。本書の準備のために集まったミーティングでは，私たちは互いに面談しあい，初めてクライアントに接するときにはどうすればよいのか，クライアントとの関係を構築するためにコンサルタントやセラピストは最初に何をするべきなのか，どのような理論的傾向が使用されたのか等を話し合った。

こうして，私たちは本書を共同執筆するに当たり，お互いの共通点や相違点を理解するに至った。本書の最初の部分では，まず，各々のコンサルティング・プロセスを紹介し，私たちのアプローチ法の違いを明確にした。次に異なるコンサルティング・プロセス方法を示し，分析される問題の特徴および立場の違いを明確にした。

　本書は，「第1章　人間関係を助けるプロセス・コンサルテーション」(1-9頁) から始まる。この章は，筆者の『人を助けるとはどういうことか　本当の「協力関係」をつくる7つの原則』（エドガー・H・シャイン著，金井壽宏監修，金井真弓訳，英治出版，2009；Berrett-Koehler Publishers, Inc., 2009）で考察したプロセス・コンサルテーションの考えをさらに展開させたものである。

　「第2章　組織の感情的側面：情報源としての感情の活用」(10-31頁) は，ジョン・ストークス氏により執筆された。心理学修士号を取得しているストークス氏は，コンサルティング会社，ストークス＆ジョリーの取締役として活躍する一方で，ストラスクライド・ビジネス・スクールの客員教授として，またヘンリー・ビジネス・スクールの准教授として教鞭を取っている。ストークス氏は20年以上にわたり，ロンドンにあるタヴィストック・クリニックで臨床心理学者としての訓練を受け，成人科の責任者として診療活動に従事してきた。主な著作として，BBCシリーズから "The Psychodynamics of Teams" and "Organizational Stress" in *The Unconscious at Work* (Routledge, 1994) や "Why Do We Work" in *Talking Cure* (Duckworths, 1999) が出版されている。ストークス氏はまた，CNNの「ワールド・ビジネス・ニュース」の常任学芸員としても活躍している。

　「第3章　トヨタを襲ったパニック：組織変化に応用される体系的短期療法（ブリーフセラピー）」(32-45頁) は，法務博士である尾川丈一氏により執筆された。尾川博士は慶應義塾大学で経済学を研究した後，スタンフォード大学およびウィリアム・アランソン・ホワイト研究所（ニューヨーク）でご研究を続けられた。また，尾川博士は私の多くの著書を日本語に翻訳出版

してくれている。また，著書で議論している組織セラピー・ネットワークを実際に運営している人物でもある。共著者であるヒレル・M・ザイトリン氏は，シラキュース大学で社会福祉を専攻し，臨床ソーシャルワーカーの資格を取得している。ザイトリン氏は，ミルトン・H・エリクソン・メリーランド研究所の理事であり，バルチモア・リニューアル・センターのセンター長としても活躍している。

「第4章 家族システム療法：組織開発への応用にむけて」(46-66 頁)は，ディヴィッド・L・ケイロフ氏により執筆された。ケイロフ氏は出身地であるシアトルで34年の長きにわたり，心理療法，家族療法，催眠療法を実践されてきた。催眠療法医としても活躍された故ミルトン・エリクソン医師の教え子として，*The Couple Who Became Each Other and Other Tales of Healing from a Leading Hypnotherapist* (with Robin Simons, Bantam Doubleday Dell, 1996) および *Multiple Personality and Dissociation: Understanding Incest, Abuse, and MPD* (with Mary Leloo, Hazeldon, 1993) の2冊の著作を出版している。

「第5章 やりがいのある仕事：キャリアの内発的要求と外発的要求」(67-82 頁)は，D・スティーブンソン・ボンド氏により執筆された。ボンド氏は自身の診療所を開業する精神分析専門医であり，ボストンにある C. G. ユング研究所でも教鞭を取っている。ボンド氏には，*Living Myth* (Shambhala, 1994) や *The Archetype of Renewal* (Inner City Books, 2002) など，3冊の著作がある。

本書のまとめとして最後に，「第6章 組織セラピーに関するいくつかの省察」(83-95 頁)を執筆した。

2009年4月

マサチューセッツ州ケンブリッジにて
エドガー・H・シャイン

目　次

日本語版によせて　i
はじめに　ii

第1章　人間関係を助けるプロセス・コンサルテーション　1
エドガー・H・シャイン

Process Consultation as a Helping Relationship
by Edgar H. Schein

はじめに ……………………………………………………………………………… 1
クライアントとしての個人，集団，組織 ………………………………………… 4
360度フィードバックの実践例　クライアントは誰なのか？ ………………… 5
基本原則　あなたの言動すべてが介入となる …………………………………… 7

第2章　組織の感情的側面　情報源としての感情の活用　10
ジョン・ストークス

The Emotional Life of Organizations: Using Emotion as Intelligence
by Jon Stokes

はじめに ……………………………………………………………………………… 10
感情の情報源としての使用法を学ぶことは，
学習可能なスキルである …………………………………………………………… 16
マネジメント能力としての感情の読解 …………………………………………… 20
実行方法　「感情という台風の目に向かう」ある種の精神的気質を養う …… 26
結論 …………………………………………………………………………………… 30

第3章　トヨタを襲ったパニック
組織変化に応用される体系的短期療法（ブリーフ・セラピー）　32
ヒレル・M・ザイトリン，尾川丈一

Toyota Gets the Panic Feeling: Systemic Brief Therapy Applied to Organizational Change
by Hillel M. Zeitlin and Joichi Ogawa

背景 …………………………………………………………………………………… 33
トヨタにおける企業文化の変革 …………………………………………………… 35
グローバル市場からの波 …………………………………………………………… 36
ブリーフ・セラピーと組織アセスメント ………………………………………… 38
ブリーフ企業セラピー（短期企業療法）という介入 …………………………… 40
考察 …………………………………………………………………………………… 43

v

第4章 家族システム療法 組織開発への応用にむけて　46
ディヴィッド・L・ケイロフ

Toward the Application of Family Systems Therapy to Organizational Development
by David L. Calof

- はじめに　46
- 人間組織の基本モデルとしての家族　47
- 家族システム・パラダイム　48
- 一般システム理論　48
- ケーススタディ　機能不全家族としての組織　50
- 機能不全家族システムとしての組織の解釈　56
- 介入　61
- まとめと考察　65

第5章 やりがいのある仕事 キャリアの内発的要求と外発的要求　67
D・スティーブンソン・ボンド

Satisfying Work: The Inner and Outer Demands of Career
by D. Stephenson Bond

第6章 組織セラピーに関するいくつかの省察　83
エドガー・H・シャイン

Some Reflections on the Concept of Organizational Therapy
by Edgar H. Schein

- コンサルテーションおよび治療の望ましい結果とは何か？　87
- コンサルテーションやセラピーのプロセスにおける感情の役割　91
- 無意識をどの程度まで
  - コンサルテーションやセラピーの焦点とすべきか？　93
- 人間の精神という概念　94
- 結論　95

付録：エドガー・H・シャインに聞く　96
　キャリア・アンカーからプロセス・コンサルテーション，企業文化まで：
　統一的・連続的な理解を助けるロングインタビュー

訳者あとがきに代えて：座談会　113

参考文献

索引

第1章

ORGANIZATIONAL THERAPY
Chapter One
Process Consultation as a Helping Relationship

人間関係を助ける
プロセス・コンサルテーション

エドガー・H・シャイン
by Edgar H. Schein

はじめに

　プロセス・コンサルテーションとは，人的システム（human system）を支援するための考え方であり，方法論である。プロセス・コンサルテーションは，支援を求めるクライアントにアドバイスや解決策を与えるのではなく，クライアント自身が自分で問題を解決できるように，クライアントとの関係を構築するものである。このアプローチ方法や考え方の基礎となっている前提には，ある人が人的システム（個人，集団，または組織）を支援しようとする場合，その人は，効果的なアドバイスができるほど，そのシステムの性格，規範や文化について十分に理解していない，ということがある。実際に有効に機能するものは，**プロセス・コンサルタントとクライアント・システムが協力してつくり出さなければならない**。なぜなら，クライアントが何を望み，何を変化させることができるかを知っているのは，クライアントのみだからである。

　プロセス・コンサルテーションは，あらゆる種類の**支援**関係（helping

relationship）で必要とされる。すべての人間関係が支援を目的にしているわけではないが，私たちの多くはときとして，支援を求められ，プロセス・コンサルタントの役割を果たすためのスキルとモチベーションを持たねばならない状況に置かれる。

たとえば：

- 親から子供へ

　子供にどうすれば良いのかを教えるのではなく，子供自身が算数の問題を解いたり，友人関係の問題を解決するのを支援したりする方が良い場合がある。

- 友人から友人へ

　アドバイスを与えるのではなく，友人が自分でやるべきことを見出すのを支援する方が良い場合がある。

- 教師から生徒へ

　多くの場合，単に解決策（solution）を教師が示すのではなく，生徒自身が解決策を発見するのを支援する方が良い。

- セラピストからクライアントへ

　ほとんどの場合，クライアント自身が，自分の性格や置かれた状況を考慮して，自分がこれまでと違って何をすればよいかを考えるよう支援することがベストである。

- コンサルタントから（個人，集団，組織）クライアントへ

　人間的な要素が関わってくる場合には，クライアントの人的システムがクライアントの文化の中で，何が可能で，何が有効であるかを見出せるよう支援することが不可欠である。このような状況における支援は，まず支援者と

クライアントが問題の解決や状況の改善のために，チームとして協働できるような関係を構築することを必要とする。

　ソーシャルワーカー，看護師，医師，弁護士，あるいは牧師といった人たちが人々を支援する役割を担い，クライアントに「こうしなさい」と話しても効果が上がらない場面にしばしば遭遇するが，それは支援者が，クライアントの状況を十分理解できていないからである。彼らは，クライアントが次に何をすべきかをクライアント自身が見出すのを支援できるような関係を構築するために，**プロセス・コンサルタントとしての役割**を担わなければならない場合がある。クライアントとの関係が強固なものとなり，クライアントが提案に気乗りがしないことを素直に告白したり，提案がうまくいかない理由を正直に明かしたりできる関係になって初めて，コンサルタントの豊富な専門知識が役立つ場面がやって来るのである。

　技術的なコンサルティングにおいても，同様の事態が生じる。コンピューターのインストラクターがクライアントのパソコンの操作上の問題を解決する場合や，テレビのデジタルチューナーが正常に機能するよう電話で説明をするAV機器のコールセンターのオペレーターであっても，有能な支援者が行う初期の介入は，最初に何が起きているのかについて質問することであり，それによって，何が最善の支援なのかを明らかにすることが可能になる。クライアントとコンサルタントとの間のコミュニケーションが確立すれば，技術的なアドバイスを与えることが可能となり，それがクライアントに聞き入れられるようになり，実行に移される可能性が生まれる。しかし，時期尚早な段階でアドバイスを与えてしまい，クライアントの意欲を萎えさせ，解決策が見いだされないままになってしまうことも多い。

　つまりプロセス・コンサルテーションとは，ふさわしいときに私たちが用いることができ，また用いねばならない，支援のための特別な社会的機能なのである。プロセス・コンサルテーションは，職業ではない。プロセス・コンサルテーションとはむしろ，誰かが私たちの支援を必要としているときに，私たちが果たすべき役割を意味しているのである。就いている職業や置かれ

ている社会的状況により，私たちはプロセス・コンサルタントの役割を頻繁に果たすこともあるし，めったに果たさないこともある。しかしいずれの場合も，プロセス・コンサルタントの役割，その背後にある考え方，そしてプロセス・コンサルテーションを行うためのスキルを理解しておくことは重要である。なぜなら私たちは人生の多くの場面で，「支援する」ことを求められるからである。

クライアントとしての個人，集団，組織

　私たちは，支援を個人対個人のプロセスとして考えがちである。それでいながら，実際には多くの場合，支援は2人以上の人々の間で行われている。しかし直接のクライアント，つまり支援を求めている当事者が，自分の問題を相談したい場合と，集団や組織全体の代表として何らかの支援を求めている場合とでは，その支援には大きな違いが生じる。自分自身の能力を向上させるためにコーチングを求めているマネジャーへの支援と，同じマネジャーでも部門のトップとして「組織文化の変革」に取り組む場合に必要とされる支援とは，大きく異なるものである。あるCEOから，組織の有効性を向上させるための変革プログラム立ち上げへの支援を依頼された場合，私たちはその組織を大きなクライアント・システムとしてとらえ，介入するときにはクライアント・システム全体を考慮しなければならない。私たちがある個人と仕事をしていたとしても，その人がより大きなシステムに影響を与える力を持っている場合，そのシステム全体をクライアントとしてとらえなければならないのである。

　支援者は，2人以上の人とかかわる場合もある。たとえばセラピストが家族全体を扱ったり，組織コンサルタントが集団全体を扱ったりする場合である。後で詳しく説明するように，プロセス・コンサルテーションの考え方は，対象が個人，グループ，あるいは組織であっても同じであるが，対象のレベルが異なると，必要となるプロセス・スキルや介入に関して考慮すべき課題

は大きく異なるものとなる。

　コンサルタントが初期の対話において，個人レベルでの支援を求めている直接のクライアントが集団もしくは組織全体と密接に関係する状況にあることに気づいた場合，**個人としてのクライアント**と**組織人としてのクライアント**との望ましからぬ混同を起こしてしまう可能性が生じる。言い換えるなら支援関係は常に，より広い範囲にわたる社会的状況の中の一部である。そして，直接的な介入が人的システムの他の部分に及ぼす意味合いについて考えることは，**支援する側の責任として**ある。

360度フィードバックの実践例
クライアントは誰なのか？

　あなたは組織コンサルタントであり，ある上級管理職から，彼の重要な部下2人に対して360度フィードバックを実施するように依頼された。その目的は部下をより有能にすること，また彼ら2人が次回の昇進でさらに複雑な仕事を担う上で，どの程度の準備ができているかについての情報を彼ら自身に提供することにある。あなたはインタビュー調査でもアンケート調査でもよいが，対象（2人の部下）に対し，自分の強みと弱みが上司・同僚・部下からどのように見られているかについての情報を提供するプロセスを構築しなければならない。

- このような場合，360度フィードバックがもたらす主な利益が対象となる部下個人のものとなるのか，組織のものとなるのかは，常に明確なわけではない。主な利益が対象となる個人に帰する場合，その人が組織を離れてしまう可能性があるが，利益が組織に帰する場合360度フィードバックは，対象となる個人がよりよく組織に適合するように，訓練したり社会化したりする（socialize）ものとなる。コンサルタントであるあなたは，（360度フィードバックという）公の意図が個人と組織の両方に利益をもたらすというものである場合，両者のことを考えなければ

ならない。「個人」を支援するために必要なフィードバック情報を得るために，コンサルタントは対象となる人について上司や部下，同僚にインタビューをするか，アンケート調査を実施するだろう。

- しばしば見過ごされることであるが，対象となる人物について「他の人々」にたずねることは，その状況下で予見できない結果を彼らにもたらしうる**介入**となる。つまり，360度フィードバックは個人に対する支援として始まるが，それはやがて，「他の人々」に自ら提供したい情報や提供したくない情報，または提供できる情報や提供できない情報を提供するように求めるような組織への介入となるのである。対象となる人物と，情報を提供するという役割セットを担う人との関係性を深く理解しなければ，コンサルタントは得られた情報の妥当性や，情報の提供を求められた他の人たちに与える影響を判断することはできないのである。

- 組織に与える影響を理解しそれに対処することは，プロセス・コンサルタントの責任である。なぜなら個人に焦点をあてた360度フィードバックであっても，組織が意図せざるクライアントとなる場合もあるからである。これは，360度フィードバックはまったく着手されていないか，それとも組織的な介入として定義され，役割セット全体が（フィードバック）プロセスをコンサルタントと共にデザインする中に含まれているかのいずれかを意味している，ということなのかもしれない。つまりコンサルタントは，フィードバックのための質問を開始する前に役割セット全体との関係を確立し，共同計画を策定する条件を整えなければならないのである。

コンサルテーションの対象となる可能性が高そうな革新的な問題は，それ自体組織レベルの関数であるだけにさまざまであろう。
1. 個人の業績を改善するための**個人へのコーチング**は，個人と組織との基

本的な関係性にかかわるものである。個人へのコーチングは，その個人の地位や将来の可能性を高めたり，個人と組織との間にミスマッチがある場合には両者の関係のミスマッチの部分を終了させるための支援となったりする。

2．組織における**集団への対処**は，組織が目標を達成するために集団の有効性を高めるためのものである。一連の介入は，集団内の力学や，集団とそれを取り巻く環境との関係に適合させられることになる。

3．さらに上のレベルではプロセス・コンサルタントは，不毛な競争をしている集団の間に協力的な関係を構築することから，異なる組織単位の成果を統合していくことまで，**集団間の問題**（intergroup problem）を解決するための介入スキルを身につけていなければならない。

4．**組織全体**がクライアントとなる場合，コンサルタントは核心となるミッションと基本戦略を明確にし，定義するための支援をしなければならない。

基本原則
あなたの言動すべてが介入となる

あらゆる人間の行為は，介入である。会話において話したことのすべては相手に影響を与えるため，会話は定義上，介入となる。沈黙もまた介入である。質問するようなポーズや，「続けてください」，「どうしてですか」あるいは，「あなたは何をしましたか」，「あなたは考えましたか」，「あなたはこうするべきです」と優しく言うことは，すべてが会話に異なる影響を与え，それゆえに新しく生じつつある関係性にも影響を与える介入なのである。

私たちの多くはこのことを当然だと考え，不安に思うことはない。ともかく私たちはほとんどの場合，**影響を与えるために**会話をするのである。しかし逆説的であるが，私たちは支援関係に身を置いたとき，とくにカウンセラーやコンサルタントとなったとき，この重要な点を忘れてしまいがちである。私たちは急にアドバイスをするようになったり（このようなアドバイスはたいてい拒否されたり，無視されたりする），後で「忠告」をするために「診断」

というプロセスまで後戻りしてしまったりする。後者の場合私たちは，診断というプロセス自体が結果を伴う介入であることを忘れてしまっているのだ。

プロセス・コンサルタントは，介入を行う前に診断できると考えてはならない。コンサルティングの対象の中で何が起きているのかを診断するため，偵察したり，インタビューをしたり，観察や調査をしたりする時間はないのである。コンサルタントとクライアントが接触した瞬間から，コンサルタントは事実上の介入を始めているのであり，クライアントの反応を第1の診断データとして，それに依拠しなければならないのである。この点を真摯に受け止めるのであれば，**コンサルタントが最初に話すすべてのことは介入とみなされなければならず，また介入としての目的をもったものであるべきな**のだ。

本書第2章「組織の感情的側面」において執筆者であるジョン・ストークスは，直近のクライアントの現在の感情の状態のみならず，主要な業務や技術に由来するより広範な組織内の感情の状態という意味での感情は，コンサルタントが認識し対処しなければならない現実である，という興味深く重要な視点を提示している。以上のことは理論的には，組織システムに関する私たちのモデル，およびそれにどのように対処するかについての重要な視角なのである。

第3章の「トヨタを襲ったパニック」で示されたケースは，接触したクライアントの感情の状態，およびタスクや技術に基づく組織の感情の状態を理解するという点で，私たちに，コンサルタントが認識し，対処しなければならないさらなる見解を与えている。理論的には，以上のことは組織システムに関する私たちのモデル，およびそれとどのように協働するかにかかわる重要な点である。すなわち尾川丈一とヒレル・M・ザイトリンは，セラピーという概念を組織という文脈の中でいかにして応用すべきかについて，優れた事例を示している。この事例は，組織文化（organizational culture）とそれによる制約という現実を認識しているのみならず，文化は組織そのものであるというアナロジーを用いて，個々人にとっての無意識（暗黙知）のある

部分に，組織文化を変革するためにいかにして組織セラピーの技法を駆使するかということである，と示唆している。

　ここで中心となっている概念は，短期心理療法（brief psychotherapy）の原理の適用と，根底にある問題についての長期的診断ではなく即効性のある改善の強調である。改善するということは，生産性という民間企業の文化への適合に焦点をあてるだけではなく，なぜ問題が起こったのかということよりもむしろ，なぜ問題が消えずに残っているのかに着目することなのである。この点において短期心理療法は，精神分析のモデルとは異なっている見方をしているのだ。

　組織は複雑なシステムなので，組織を対象とする「セラピー」は，そのシステム内の諸力に対処するモデルを基礎としなければならない。第4章「家族システム療法」においてディヴィッド・L・ケイロフは，家族というシステムを理解することで，コンサルタントやセラピストがシステムのどの部分に介入すべきか見出せることを示している。この種のセラピーでは診断と介入のプロセスは密接に統合されており，診断は未知の結果をもたらす介入としてだけではなく，システムの根底にある諸力を解明するために必要とされている。クルト・レヴィンが述べたように，「システムを変えようとしないかぎり，システムというものを理解することはできない」のである。プロセス・コンサルテーションという視点では，最初に接触したクライアントを診断のプロセスに加えることが重要な原則となる。この論文は，診断データの収集や，最初の段階で組織からセラピストに持ち込まれた問題を好転させた体系的な介入を行う際の診断結果の利用といった，さまざまな段階を手際よく説明している。

　第5章の論考，D・スティーブンソン・ボンド博士による「やりがいのある仕事」は，私が提示した概念であるキャリア・アンカーを個人の発達のライフサイクルのアプローチと統合しており，個人の発達（personal development）と組織開発（organizational development）との相互作用という文脈の中で充分な理解につながる貢献をしている。

第**2**章

ORGANIZATIONAL THERAPY
Chapter Two
The Emotional Life of Organizations:
Using Emotion as Intelligence

組織の感情的側面
情報源としての感情の活用

ジョン・ストークス
by Jon Stokes

はじめに

　組織における感情（emotion）は，今まであまり注目されてこなかった。これまで組織における感情は，仕事への満足度やストレスという観点から研究されてきた。また，情緒的な作業という概念も存在している。飛行機の客室乗務員，販売員，苦情処理窓口の担当者のように，業務上ある程度の感情を維持しなければならない仕事を意味する，感情労働（emotional labor）という概念もある。さらには，資本家や官僚機構の圧制的な性質に関する社会学の研究もある。

　一般的に感情というものについて考える場合，その負の側面に目が向けられることが多い。感情は多くの場合，歓迎されない想定外の副産物であって，マネジメントやリーダーシップにおける何らかの失敗を意味するものと考えられている。しかし本章では，それとは異なった前提から議論を始める。本章の前提とは，組織の感情状態（emotional state）や風土（climate）は組織の成否を左右する重要な変数であり，これらに適応し，またこれらをマネジ

メントすることはすなわち，現代の組織におけるリーダーシップやマネジメントに直結する能力なのだ，ということである。

　組織は，何らかの目的あるいは組織で働く人々の仕事を通じて生み出される何らかのビジョンを達成するために設立される。組織は，1人で働くよりも誰かと一緒に仕事をした方がより多くのものを生み出せる状況をつくり出すことによって，その目標を達成する。経営学者であるエリオット・ジャックスは，仕事を，「業務の遂行過程で生じる問題の解決・克服のために必要な意思決定における判断と自由裁量の行使」と定義した。この定義には，必然的に感情，私が「感情を伴う仕事（※訳者注：laborではなくwork）」と呼ぶものも含まれることになる。感情を伴う仕事は，ある役割や業務の遂行に付随する感情状態を活かすための忍耐，マネジメント，注力に関係しているものである。自由裁量の行使には，不確実性（uncertainty），曖昧さ（ambiguity），コンフリクト（conflict）や不安感（anxiety）に直面することも含まれる。他の論文でも説明したように，仕事は，何か欠けているものがあり，それを生み出したいと思うところから始まる。

　仕事において有能である（effective）ためには，この何か欠けているものがあるという感覚に寛容でなければならない。部屋の掃除のように単純で簡単な仕事であっても，結果を想像したり，より良い状態にしようとしたりして直面する不確実性や不安感をマネジメントするといった，感情を伴う仕事を含んでいる。このように仕事とは一種の**回復**（補償）の実践であり，私たちは仕事を通じて，物事を修復したり改善したりするための自分の能力を再確認できるのである。私たちは，自分が大切に思っている人や自分自身に悪影響を及ぼすことに懸念を抱くものであるが，仕事はこうした懸念への解毒剤となる。

　組織は感情を伴った場所である。感情はモチベーションの源泉となるが，モチベーションを減退させる原因ともなる。もともと感情とは「私の周りでは何が起こっているのだろう？」，「近づくべきだろうか，それとも，避けるべきだろうか？」，「私はどのような人間なのだろう？」，「私にとって，これ

にはどのような重要性があるのだろう？」，あるいはもっと単純に「私はどのような人間で，どこで，何をしているのだろう？ そして，私は誰なのだろう？」といった，生きていくために不可欠な疑問に答えるための自然界の方法なのである。**組織の感情的側面**を理解すれば，このような質問への答えが得られる。うまく活用すれば，このような質問への答えは，組織全体に関する**リーダーシップやマネジメントのための情報源**（leadership and management intelligence）となり得るだろう。すなわち「ひとつの組織として，私たちはどのように感じているのか？ このことは，私たちに関して何を語るものなのか？ 私たちには，どれほどの自信があるのか？ どれほどの不安があるのか？ 私たちは市場の中でどのようなポジションにいるのか？ 私たちは，どれほどの成功を収めているのか？ 私たちは現在，中核的なものと位置づけた目的や価値にどれだけ近づいているのか？ 埋めるべきギャップはどの部分にあるのか？」といった問いへの答えである。つまり目的やプロセス，人材，市場におけるポジションや潜在能力に関する問いへの答えである。このような問いに答えられる能力は，主要な組織がより良い経営判断を行うために，まずは自分たちの組織をより深く「読み解く」べく，組織のリーダーたちが開発できる能力なのである。企業の感情風土（emotional climate）を正確に読み解くことができれば，財務分析によって事後的に示される遅行指標ではなく，組織の内部および外部との関係性の状況を示す先行指標が得られる。

　組織の感情風土は，財務指標，人的資源の状態，損益計算書，株主や株式市場，顧客からの評価と同じく，企業がその設立意義としている目的の遂行に関する有効性を表すものの１つである。つまり組織は，肉体をもつ有機体のように，生き残るためにこれらのすべてを実行しなければならない。しかし組織の感情風土は他の遅行指標とは異なり先行指標であるため，データの不確実な妥当性や頻繁な陳腐化に悩まされているマネジャーにとって，有益なものになり得るであろう。

　私は「感情（emotion）」という言葉を，ある出来事が起こった場合に，意

識的に認識する前に起こる身体や脳の反応という意味で用い，意識的に認識した状態のことを「意識的感情（feeling）」と呼ぶことにする。感情は内部環境や外部環境の変化に対する最初の反応であり，私たちが自分の経験を理解するのに役立つものである。私たちはこのようにして，感覚に意味を与えるのである。このことは，すでに神経生理学の研究（Damascio, 1999）で実証されている。私たちが意識的感情を抱く前に，脳は情緒的に反応している。また私たちが意識的感情をまったく抱いていない場合でも，脳が意識の介入なしに出来事を記録して反応するため，私たちは反応を起こしている。これは，意識が物理的に組み込まれ，かつその意識の容量に限界がある有機体（すなわち私たち）が，重要でない情報をふるい落とし，一方で緊急時には生命を脅かすような出来事に関する情報を受けとるということを効率的に行えるように，自然界がもたらした方法であると思われる。

　言い換えれば感情とは，身体や外界から情報を得て，知覚したデータに意味を与える方法を決定し，形成する，洗練されたフィルタリング・メカニズムの構成要素といえる。つまり感情は，私たちが世界につながることができる主な方法の１つなのである。確かに感情は，人間の発達において最も初期の，そして言語習得以前の意味形成の方法であり，このような感情の体系は，私たち自身を重要な情報に向けさせるようマネジメントし，重要でないことはふるい落とすという，ある種の効果的な適応装置へと進化してきたと考えられる。精神分析学者たちの議論によれば，私たちは，自分が避けたい情報や否定したい情報もフィルターにかけて取り除いている。これは，そのような感情を認識しないようにするための，より能動的な予防としての意味をもつ。

　よって，第１に私たちの感情は純粋なデータであって，何かを誘発する出来事に対する身体と脳の生物学的な反応といえる。感情の中には，携わる，争う，逃げる，おびえるといった，何かを誘発するような状況への明確な反応を生み出すものがある。また感情は，有機体の内部の状態を制御する（regulate）ので，たとえば動脈への酸素の流れを増やすというような具体的

な反応ができる。さらに感情は，私たちが意識化した意識的感情になることもある。意識的感情は，解決のために生じた生理的反応に感情がすでに追従しているような問題を，有機体に警告する情報源になりうる。意識的感情は，上手に処理された場合には，自分自身と自分を取り巻く外界についての1つの情報収集源となるような，身体的かつ認知的な状態といえる。

　私たちが組織について考えたり議論したりする場合，定められた目標を追求するための業務や役割，構造，アウトプット，人的・物的資源の動員といった，軍事用語に近い言葉を用いることが多い。その他に，工学で用いられる機械関係の用語を使うこともある。いずれの思考様式も，あまり注意の払われることのない組織の**感情的側面**というものを排除してしまう傾向がある。ビジネス・スクールの授業では，組織の感情というテーマはまったく扱われていないようである。しかし感情がなければ，戦争も巨大な建築物も存在しえないだろう。これでは，実践に役立つアプローチとはなりえない。

　このような考え方とは対照的に，私は以下のように考える。

- **組織には感情という側面があり**，それは組織を構成する個々人の感情に関わる反応をすべて足し合わせた以上のものである。
- **組織の感情的側面は**，組織の優れたパフォーマンスに本来的に備わっているものである。組織の感情的側面は，単にパフォーマンスを下支えするだけのものではなく，組織パフォーマンスの一部なのである。
- 組織の感情的側面は，個人の感情と同じく，**意識の外**で進行していくことがある。

　感情は思考の始まりであり，感情を合理性のアンチテーゼと考えることは，誤解につながるものである。その証拠に感情を考えずに行った意思決定は，感情的に行った意思決定と同様に，欠陥が多いものである。しかし刺激と反応の間にギャップを作ることで（私もここで一呼吸置こう），内省（reflection）をすることが可能となる。行動したいという衝動が強い場合，内省すること

は難しい。想定される結果を十分に考えて選択肢を明確にするまでの間，反応（response）を抑制できるという能力は，もしそうでなければ単なる身体的な反応に過ぎないことに意味を与えるために，自分の胸中にある反応を抑制することで子供の反応的行動（reaction）に意味づけをしてくれた母親との，私たちの人生の初期における経験に由来している。リーダーシップに関する研究は，概して偉大な男性たちに着目しているが，私たちの人生における最初のリーダーは母親だったといえる。

　抑制と内省のプロセスは，以下のステップを通じて，日常生活と同様に組織でも用いることができる。第１に，経験した意識的感情を内省するために，その意識的感情に「同調」し，それと「同居」する。第２に，「この感情状態は，私たちの組織や組織における役割や関係の中での私たちの業務の仕方について，何を語りかけようとしているのか？」と自らに尋ねる。第３に，「私は自分のアイディアをどのように試せばよいのか？」と尋ねる。このようなステップを踏むことで，解決しようとしている問題に対するマネジャーたちの革新的な反応を引き出し，対話を生み出すことができる。このような対話により，工学的な組織モデルや従来型のマネジメント教育が薦めていた習慣的で対症療法的な解決策ではなく，変化を続ける環境に適応できる解決策を生み出すことができる。

　より広い意味での重要性を理解するためには，組織における感情的経験はありがちな個人レベルの意味づけという視点ではなく，次の５つの要素について考慮されるべきであろう。組織における感情は，これら５つの要素のいくつかが結びついて発生すると考えられる。

1．顧客，株主，市場，および規制当局といった**環境**——すなわち，感情の質感（emotional texture）
2．組織の**主要目的**および当該組織の感情の質感
3．目的を実行するためにつくられた**役割**，**構造**，**プロセス**
4．職能，専門領域，組織の影響を受けた個々人の**パーソナリティ**

5．集団のダイナミクス（集団精神力動）

　これらの5つのポイントが単独で，あるいは結びついて，風土や雰囲気（mood），感情の傾向や質感を識別可能な形でつくり出す。これらは「ここは監獄のようだ」といったイメージや，「私たちはまるで病気で苦しんでいるかのようだ」といったメタファーなどによって表される。重要なのは感情を意識化し，言語化するという点である。

感情の情報源としての使用法を学ぶことは，学習可能なスキルである

　組織のどのような階層にいても，もしリーダーがマネジメント上の思考・判断・意思決定・行動をより効果的に行うために情報を開示しようとするのであれば，リーダーは組織の感情を正確に読み解く能力を形成することができる。組織の感情を正確に解釈することで経営者やマネジャーは，論理的で合理的な領域では認識できない，感情というレベルでのみはじめて認識可能な状況の変化を予見することができるようになる。このような良き聞き手となるためのスキルの1つによって経営者は，より幅広い文脈から問題を把握するという枠組みの再構築ができる。

　組織における感情には，**シグナル**（signal），**表出**（expression），**反応**（response）という3つの意味がある。

　第1に感情は組織の表面には現れない部分で，意識的には認識されない何かが起ころうとしていることを示す**シグナル**であると考えられる。それは，企業がとるべき将来の方向性を示す，重要な指標となる。次の事例を考えてみよう。

　これは，企業のリーダーや経営陣のコンサルタントとして私が経験した事例である。

国際的専門サービス

　ある国際的な専門サービス会社は，成長が期待され，重責を担うこと

も期待されている優秀な若手スタッフたちが離職してしまうという問題に悩まされていた。若手スタッフには多くの研修コースやワークショップなどの教育機会が与えられたが、彼らが学習した内容を自分のクライアントや社内で応用しようとすると、表面的にはそれが奨励されているにもかかわらず、実際には彼らの新しいアイディアや提案が採用されることはなかった。そのため、彼らは強い不満を感じていた。彼らは、一部のプロジェクトの日常業務についてはかなりの責任を与えられていたが、クライアントとの関係にかかわる高いレベルでの計画や戦略の策定に関与させてもらえることはなかった。これは、最初の数年間は新しい仕事をエキサイティングなものだと感じるが、やがてそれ以上は先に進めないと感じるような「ガラスの天井」に陥るというパターンであった。新しいアイディアや提案は、組織の施策やマネジメントにまったく反映されなかった。この問題を取締役レベルの面々と話し合ってみると、人材の開発と挑戦に関して、彼らが相反する2つの感情を抱いていることがわかった。若手からの提案は、必要とされ奨励されている一方で、無意識的に恐れられ拒否されてもいた。若いスタッフはこのような慣例の犠牲者となっていたのだ。この企業は競争の激しい市場で事業を展開し、絶えず脅威に晒されていたが、従来からの企業イメージや、「昔ながらの会社であるが信頼できる」という自社のアイデンティティに固執していた。この企業は、競合他社を模倣し競合他社の動きに応じて反応的に対応するためにあらゆる手段をとっていたが、一貫性のある戦略を持ちあわせてはいなかった。この会社は、変化の「若い芽」に目を向け続け、サポートをしさえすれば、若手スタッフの真に創造的な潜在能力を維持することができたはずだった。

この分析が示していることは、若手スタッフの不満は、現代風なことについてこの組織がもつ深刻な感情的矛盾に対して生じたシグナルであったということだ。また無意識の深層レベルでは、これは年長者の「若さへのねたみ」の表出でもあった。

第 2 に感情的反応（emotional response）は，ビジネスにおいて重要となる動的緊張（dynamic tension）の**表出**と考えることができる。動的緊張は取り除こうとすべきものではなく，理解し，マネジメントする必要があるものである。

投資銀行

　ある投資銀行では，トレーディング部門の社員と管理部門の社員との間で激しいコンフリクトが生じていた。その投資銀行では，トレーディング部門と管理部門との間に組織上の境界線が引かれていたが，これはリスクを取る側とリスクを管理する側という区別でもあった。ある支店ではこれら 2 つの部門は，同じ町の中とはいえ建物は別であり，場所も離れていた。両部門はマネジメントのスタイルも，仕事に対する考え方も異なっていた。トレーダーたちは野心的な取引を行うエキサイティングな世界に身を置いており，管理部門の社員たちはこれらの取引の処理と管理を担っており，リスクのアセスメントやコントロールを行う「後方支援」の機能を果たしていた。この 2 つの部門の雰囲気は大きく異なっていた。トレーディング部門のオフィスは広いオープンなスペースであり，活気に満ちており，エキサイティングで開放的な雰囲気を醸し出している一方で，管理部門のオフィスは静かで，ある人に言わせれば「陰気」であり，社員たちは少人数のグループに分けられ，全体的に見て分断化されていた。2 つの部門をこのように分離しておくことは，この投資銀行が，他人のお金でギャンブルを行っているという不安感をマネジメントする方法であったと思われる。トレーディング部門の人たちは，適度に野心的な状態を保つため，自分たちが冒しているリスクに関する感情からは距離を置く必要がある。管理部門の人たちは，経済的な貪欲性に心を奪われ過ぎないようにする必要がある。しかし経営危機に陥らず，銀行が収益性を維持するためには，この 2 つの部門はコミュニケーションをとり，協力する必要がある。組織の構造の背景にある感

情の面での理由を理解すると，トレーダーと管理部門の人たちがミーティングで頻繁に衝突することの意味が分かるようになり，2つの部門をより効果的にマネジメントする方法について助言することができる。

この例が示しているのは，どの組織にもある種の緊張が存在しており，そうした緊張が実際にビジネスの原動力となるのであるが，緊張の対極にある軸をお互いに遠ざけすぎると緊張は創造的な意見の対立を生むものとはならず，効果的なコミュニケーションや協力を阻む構造的な障壁になってしまうということだ。

さて第3には，感情は組織外の出来事への**反応**と考えることもできる。

マイクロチップ製造業

ABC社は，マイクロチップ製造業者である。マイクロチップ市場は動きが速く，競争は激しい。新製品の製作には，3つのステージがある。設計チームがデザインをし，試作チームがプロトタイプを製作してテストを行い，生産チームがそのプロトタイプから市場向け製品をつくる。しかし，この3つのチームはあまりコミュニケーションをとっていなかった。設計チームは活発だが横柄で，試作チームがテストで問題を起こして進捗を遅らせていると思っている。それに対して試作チームは，既製の試作品を使うことができず，毎回カスタマイズしたものが求められるので時間がかかると主張していた。試作チームはまた，生産チームのことを，仕事の質が低く仕事のスピードも遅いと非難していた。設計者がトップに置かれたヒエラルキーになっていた。このようなステータスのダイナミクスは，市場における組織の状態への反応でもあった。陳腐化の早いこの会社の製品が成功するかどうかは，予測が困難な，変化の激しい顧客ニーズに左右される。このように不安やストレスが大きい業界で，それぞれのチームがお互いを批判し続けてきた。しかしこの分析により，多くのグループの間の「コミュニケーションの改善」に膨大

な時間を浪費させるのではなく，市場からのストレスにどのように対応するか，競合他社からの挑戦に対して各チームがどのように協力するか，ということに各チームの目を向けさせることに関して，工場長を支援することにした。それによって各チームは，組織内に蔓延していた「互いに非難する文化」が不確実性と不安感の表れであることを認識した。そして問題を隠蔽しそれが明るみになったときに非難し合うのではなく，発生した問題をチーム間で共有し，協力的に仕事をすることの必要性を理解することができた。

　このように感情は——それがシグナル，表出，または反応であれ——，組織運営上の現実に関する知見へと変換される類の情報を私たちに与えてくれる。

　組織の感情状態や，組織の内部の人々および組織の取引相手（顧客，サプライヤー，利害関係者）との感情的経験によって，マネジャーはこうした知見の源泉を得る。

　これらの感情はシグナル，表出，または反応として，組織の重要な側面についての経営上の知見を与えてくれるのである。

マネジメント能力としての感情の読解

　組織の感情的側面に対する認識は高まっているが，これをどのように活用すればよいのだろうか？　その答えは，感情的能力（emotional capability）の形成は，情報に基づいて判断や問題解決を行うという組織のマネジメント能力の形成に役立つものであり，かつ必須のものだということである。感情的能力とは，単に感情にかかわる知識や情報を増やすということではなく，感情面での弾性（resilience）をも高めるということである。組織の感情を理解することは，不可思議なプロセスではなく，親たちが子供の行動を解釈するときに常に行っていることである。しかし感情を理解することは，伝統的

には「女性的な」スキルだと考えられてきた。多くのマネジメント教育は，戦争や戦闘にかかわる軍隊のメタファーに基づいており，戦闘中は人の感情に敏感であることは，不利になるものと考えられている。しかし完全なコントロールや権力への願望が，大人の現実ではなく思春期の幻想にすぎないような，変化が速く相互依存性の高い（共依存的）世界では，このようなメタファーはあまり役に立たないのである。

では，感情的能力の要素とは何なのであろうか？　また，この能力をどのように活用すればよいのだろうか？

1）第1に，意識的感情に**同調する**（tune in）能力が必要である。この能力により，意識的感情が形成されて姿を見せるまで，それを認識し続けることができる。意識的感情を異なる領域のものとして対比することは，その意味を明らかにするのに役立つ。つまりそれは純粋に個人的なことなのか（「私の感じていることに過ぎないのか」），チーム全体の感情なのか（「他のメンバーも自分と同じように感じているが，それを口に出していないということなのか」），組織全体の感情なのか（「顧客，利害関係者，あるいは市場に対する，私たちの現在の立場についての反応なのか」），を明らかにすることができる。

2）第2に，自分自身と他人の意識的感情に十分な期間にわたって**耳を傾け**（stay）**抑制**（contain）することで，即座に反応的行動に出ること（reaction）なく，内省する機会が生まれる。個人間，集団間，部門間の緊張やコンフリクトを多く経験する（あるいは，緊張やコンフリクトの話を聞く）と，個人や集団はそれに夢中になり，組織本来の目的を忘れ，貴重なエネルギーを消耗戦で使い果たしてしまう。

3）第3に単純に感情的経験を内省し，そこから意味を見出す能力だけではなく，最終的には**行動し，前進する**能力が必要とされる。

次の例を考えてみよう。

I　同調する

　高度保安精神病院の院長が，抜本的な組織変革のプログラムを導入し，そこでリーダーシップを発揮しようとしていた。この変革の目的は，既存の文化を2つの方向に向けて変革することであった。第1は，制限とコントロールの文化から抑制とセラピスト的なキャリア中心の文化への変革，第2は中央集権に依存する文化から，明確なアカウンタビリティに依拠する文化への変革であった。

　この変革の導入は困難を伴い，抵抗に直面した。変革はリスクを伴うものでもあり，政府やメディア，地方自治体が，変革プログラムのすべてを綿密に調査した。院長と共にこの変革に取り組んだ組織コンサルタントは，院長が「孤立」と「脆弱さ」にかかわることを頻繁に口にすることに気がついた。院長はこの変革を，自分が担っている特別な役割に関連した，職業上の危険とみなしていたのだ。しかしこの「脆弱さ」という経験は，危険な患者の世話をするという業務に携わるという，組織としての意味合いも持っていた。そのような病院にいることは，患者であれスタッフであれ，自らまたは他の人によって，脆弱な状態に身を置くことになる。そのような患者たちは，他の人による傷つきやすい犠牲者となることが多いのである。

この感情的視点から見ると，自分が孤立していて脆弱であるというマネジャーの意識的感情は，組織全体の本質的部分である感情経験がマネジャーの中に現れたものなのだ。この分析は，患者やスタッフが行っている課業の性質に着目しただけではない。これは職業上の危険以上のものであり，この仕事の原材料，つまり組織が効果的に業務を進める上で処理しなければならない重要な感情そのものなのである。これらの経験への反応や処理を適切に行えば，スタッフと患者との相互作用は，より生産的なものになりうる。このように病院の主な感情的業務は，「脆弱性のマネジメント」，すなわち脆弱な

ものの感情経験をマネジすること，そして自分に対しては他者を脆弱な状態におくという感情経験をマネジすることだと考えてみよう。助けを必要としている患者にとって，このような相互作用は過去のように破壊的なものではなく，建設的なものでなければならない。

Ⅱ 耳を傾け，我慢する

　専門サービス会社のシニア・パートナーであるトニーが，協力し合わず仲が悪いことが社内全体に知れ渡っている2人の役員の問題について，私たちのところに相談に来た。

　ロビンは50代の男性で裕福な家庭で育ち，立派な学歴をもち，社内で一目置かれている人物である。ロビンのクライアントの多くはロンドン市内にいるのだが，彼はロンドンの文化を好み，それに精通していた。彼の同僚デレクは，正反対の経歴の持ち主であった。デレクは大学を出ておらず，中流階級の中のどちらかといえば下の方といえる家庭の出身である。デレクはイングランド中部地方の文化に精通し，それを気に入っていた。イングランド中部地方は，エンジニアリング業などの中小企業を経済の中心とする地域である。

　トニーは，2人がお互いに激しく攻撃を繰り返すのが理解できなかった。トニーが2人と面談を行ったこところ，2人ともお互いを尊敬しているが，同時にお互いの行動や価値観を軽蔑していることが明らかになった。

　役員向けの修養会やチーム・ビルディングのセッションを通じて，コンサルタントはまず，2人のコンフリクトをオープンにして，2人が抱き，組織の中で示されていた異なる価値観や文化を結びつけることができた。やがて他の役員たちも，この2人が示している対立的な価値観や態度が，両者それぞれの内面での葛藤であり，組織内の葛藤でもあり，組織とそれを取り巻く状況や環境との関係における葛藤でもあることを認識し始めた。この企業はかつて成長を続け，それまでは主として地域ごとに分

かれた構造をとることで成功してきた。よってこれらの2つの要素が結びつくことはなく，両者が結びついたときでも避けがたいコンフリクトが起きることもなかった。しかし経済環境の変化やクライアントからの需要により全国レベルでの展開を求められるようになると，これら2つの要素を分離したままにしておくことはできなくなった。それが，先に述べたような緊張状態を取締役会にもたらすようになったのである。2人の重役は，小規模あるいは中規模の地方のクライアントと大規模な全国レベルのクライアントとのバランスを取るという意味において，あるいは全国展開を行うにはどのような会社組織にする必要があるのかを考えるという意味において，この組織が抱えていた戦略的，構造的ジレンマを体現していたのである。各クライアント・グループは各々異なるサービスとアプローチを要求しており，この会社が感じていた自らのアイデンティティに関する不安定さが，この2人の重役の緊張を通じて表されていたのである。トニーは問題の根本を理解すると，修復が難しい個人間の衝突を，企業戦略上のジレンマであると捉えなおした。そしてトニーは配下のグループ，とくに2人の重役の間の緊張に名を借りたジレンマに喘ぐ組織と共働することができるようになったのである。

この例において「**耳を傾け，我慢する**」とは，最初は混乱を生じさせるような経験であってもじっくりと観察し，それが本質的に意味することが浮かび上がってくるのを待つ，ということを意味している。これはまた，多少の無力さや不満を許容することを意味している。親なら誰でも持っているひとかけらほどの常識が，権力闘争を優先するイデオロギーや経営チームの行動を抑制する上で役に立つのだ。

Ⅲ 実行し，前進する

IT企業

　たとえばある取締役会の議長が，2人の重役（マーケティング部長と財務部長）の間の長年にわたる激しい論争に取り組まなければならない場面を想像してほしい。議長は，これを純粋な個人的問題か「相性」の問題として扱うべきか，あるいはこれらの2つの部門の必然的な緊張を表すものとして扱うべきか，または彼らは取締役会が避けようとしている戦略的なジレンマを表しているのか，と悩んでいた。このような3つの仮説はある程度の真実を含んでいたが，同時に議長自身はそのような論争の影響で自らの経営をリードしていく自信が揺らいでいることも感じ取っていた。このことが問題を解くカギとなり，組織の他のレベルからもそれを裏付ける別の証拠を得ることができた。人事部長との話し合いからこの争いは，自社の提供するサービスに対して加速度的に競争が激しくなった市場で，この会社に生き残る能力があるのかという問題に関して，社内で自信が失われていることを反映していたのだ。自信の欠如はさらに，上司からのいじめに関する若いスタッフからの一連の苦情にも反映されている。上司たちは若いスタッフから「いじめ」と非難されることを恐れて，彼らからの抗議にも適切に反応できなくなってしまっていた。この背景にも，上司たちの自信の欠如があったのだ。

　同調することで，最高経営責任者はジグソー・パズルのピースをはめ込むことができた。彼が実行し前進するために必要なタスクは，会社のトップチームに会社の戦略と人材確保のための必要要件に焦点を絞らせることであった。正しく問題に対処することで，会社が再び自信を取り戻すと信じたのだ。いじめに関する苦情は次第に減っていった。社員を教育することだけでいじめを解決するという人事課の案では，いじめ問題の核心へと到達することは

できなかったであろうし，いじめが解消されることもなかったであろう。

実行方法
「感情という台風の目に向かう」ある種の精神的気質を養う

　私は，たとえば広告代理店ならば「自信を生み出す」とか，病院ならば「安全を確保する」といった目標を達成させる場合，その組織が克服しなければならない感情的プロセスを示す第1の感情的プロセスという用語を提唱してきた。自分や組織内の他人の感情的経験を見て見ぬふりをしたり，避けてしまったりするのではなく，リーダーやマネジャーはその逆，すなわち「**感情という台風の目に向かう**」ことを考えるべきなのである。強く，時には面倒を引き起こすような感情こそが，**経営についての知見と創造性**の重要な源となる。私たちが提唱している，組織を理解したり管理したりするアプローチには，次の要素を含むある種の精神状態が要求される。

- 共感できる能力をもつ

　これは，表面的な言葉や態度の下にある感情に「同調」するためのものである。組織を導いたり管理したりする場合，組織を構成する個人に対してだけでなく，**組織全体**にも共感する必要がある。

- 負の要因に耐える能力をもつ

　これは，19世紀のイギリスの詩人ジョン・キーツが「事実や理由を神経質に追い求めることなく，不確実性や不可思議さ，疑いに耐えることができる能力」と呼んだ，ある種の精神状態のことである。それは創造的なプロセスにおいては不可欠なステージとされる，知りたいが知らずにいても大丈夫な能力のことであるが，マネジャーがこの能力をもつことは往々にして難しい。迅速に答えを探すという通常のマネジャー業務とは対極をなすものだからである。これを実現するには，感情経験に対してオープンになり，自分自身の思考や感情，他人の思考や意識的感

情を含む出来事を許容する能力が必要とされる。そこには不確実さや知らないこと，混乱した意識的感情を許容できる能力，時期尚早な折には結論に飛びつかず，待つことができる能力も含まれる。

- **救済したい，助けたい，という願望を避ける**

  これは，マネジャーは状況を「収拾」するための行動に飛びつくよりもむしろ，あらゆる場面で火消しをし，責任を引き受けることによってなんらかの解決法が生まれ，それが関係者の間ではっきりとしたものになるかどうか見極めるために待つことを考慮すべきだということである。それには，部下に対してより啓発的かつより指示的ではないスタンスをとり，「支配下に置く」ことからは自ら手を引くことが必要だ（もちろん，それが心地良い幻想にすぎないことも多いのだが）。

- **あいまいさ，逆説的な要求に耐える能力，あえて何をするべきかを考えない能力をもつ**

  これらの能力はすべて，優秀なマネジャーの直感には相反する能力である。

- **システム全体に耳を傾ける**

  細部ではなく全体像に注意を向けることで，システム全体に発生する共通パターンを見抜くことができる。

同調してしまえば，最高経営責任者やマネジャーは，実際に行動する前に自問することで，組織の感情的な側面を解釈し対処する能力を育てることができる。たとえば，何かが誰かを「びっくりするほど」強く印象づけるようなことがよくある。それは当初は意味がないように見えて，その人を混乱させ，そしてその人の好奇心を刺激する。このとき，賢明にもその人はこのように自問するかもしれない。「なぜ，私は／私たちは／彼らは，今，こんな

ふうに感じているのだろう？」

　組織において，1人の人間の感情的反応（個人的労働的機制）は，個人と同じように法人，すなわち集団や組織レベルでも生じうるもので（社会的防衛機制），なんらかの重要性と意義とをもっているかもしれない。そのような可能性を検証するための直感や仮説は，下記に示すさまざまなやり方で生み出すことができるであろう。

- （個人，役割，グループ，部門，市場，産業，国家といった）境界を越えて，質問する。これは，より広い文脈から感情を捉え直す，という体系的な視点をもつことである。探索・検証可能な仮説を他のメンバーとともに生み出すつもりがあるのなら，組織メンバーが全体として，創造力を増大させる探求的な思考スタンスをとることのできる可能性は高くなる。リーダーが表層的な問題の下にあるものを念頭において，異なる方法で問題の「リフレーミング（捉え直し）」を考慮することができるなら，問題の所在，考えられる成り行き，意図される結果に関して，より自由に内省したり考察することが可能になる。個人や集団が示す葛藤や緊張は，他人や組織の別の部署，あるいは外部環境を反映している可能性があることを忘れてはならない。

　　強烈な企業文化で知られるある企業の最高経営責任者は，人事部長が企業戦略の変更を迅速に実行しないことを不満に思っていた。しかしこの人事部長の行動は，この組織では創造的になったりイニシアチブを取ったりしようとすると，忠誠心が無いとか反抗的だとか非難されるという難題を示しているものとして，捉え直された。このことに気付いた最高経営責任者は大変驚いた。なぜなら，自分では理想的な学習する組織を奨励していると思っていたからだ。

- 本質的な「表面下」の問題について，生じた感情そのものだけではなく，

それらのもつ本当の意味について，**作業仮説（＝当面必要な仮説）**を立てる。

> 組織の方向性に関して，2人の重役の間に衝突があった。この衝突を「解決する」方向へ動かすと，自分たちの自由が抑制されてしまうのではないかと恐れて，その重役たち全体が共謀して集団防衛しており，いかなる政策決定もそれが察知されれば，彼らはそこに介入しているのではないか，という作業仮説を立て，「解決する」方向へ動かないようにした。もちろん「何もしないこと」イコール「自由」ではないのだから，それは幻想でしかないのではあるが。

- **明確なことだけでなく，これから表面化してくることにも注意する。**
リーダーが個人，集団（経営チーム，経営者グループ，取締役会），あるいは組織全体のいずれについて考える場合でも，感覚で捉えたすべてに同調しなければならない。これはまた，自分自身の意識的感情の変化にも気がつかなければならないことを意味する。とくに予期せざる，驚いた，あるいは確認したり，名前を付けたりするのが難しい感情とその変化には注意しなければならない。これは「第3の耳で聞く能力」と呼ばれるもので，これには，聞く力と負の要因に耐える能力が含まれる。

- ありふれた日常のことと同様，個人の**情熱**や他人の情熱につきあっていく。

- 複雑な世界の必要な見通し方として，**もろさや相互依存の経験**にもつきあっていく。

このような姿勢で業務に従事すると，個人それぞれの意識下にしまい込まれていた集団的ダイナミクスを理解したり，「そうか，わかったぞ！」と思

ったりする感情経験が生まれる。そのような現象は，少しは考えたり部分的には意識下にあったり，あるいは組織の感情的側面について「深く考えたことはないが，本当はわかっていること」なのである。多くの産業「事故」は，知ってはいても議論することが許されないようなことを考えないために生じているが，それは組織の感情を意識しているかどうかについても同様なのである。

結論

　ビジネス・プロセスとともに，ビジネスを助けたり妨げたりする存在として，感情的プロセスがある。感情的プロセスはまた，組織や組織が包含している事業に関する情報を提供する。

　人間の意識とは何かを研究する生物科学の研究者は，意識の本質とは，自然界が生き残りを賭ける有機体にそなえつけた，刻々の状態変化を示すための形式であると考えている。そして意識の大部分は，感情と呼ばれるものである。**生態学的**視点をもつリーダーやマネジャーは，自らの組織を環境における1つの有機体と捉え，自分たちの仕事にクリエイティブに応用することができる。彼らは自分自身の内部だけでなく，同僚や部下，グループやチームに刻々と広がる変化を理解し，さらには環境に対する生き残りをかけた反応の現れとして組織全体に広がる変化を理解することができる。その結果そのようなリーダーやマネジャーは，より正確な情報に基づいた決定を行うことができるのである。

　マネジャーがしなければならないことは，経験している感情に「同調」し，感情が何に反応しているかを考えることである。同調することで発生する記憶，連想，あるいは「気ままに浮かんでくる」考えの全ては，特定の瞬間に呼び起こされた意識的感情の重要性に気づかせてくれるものである。

　このような感情的プロセスは，単に個人やグループ，チームにかかわることではなく，彼／彼女／彼らが，組織をどのように感じ，どのように組織と

繋がっているのか（その組織が何をしているのか，どのように作用しているか），そしてたまたま同じ組織に属している他人とどのようにかかわっているのかといったことから成り立っている。もちろん，単純に感情を表している者もいるだろう。しかし，感情は他のことも伝えてくれる——つまり**組織全体としての精神状態，組織の下に横たわる現実，組織のビジネス・プロセスは有効なのか，結果として，現在の組織に生き残るチャンスはあるか**，を伝えてくれるのである。

［参考文献］

Damasio A., *The Feeling of What Happens*. William Heinemann, 1999.
Stokes J., "The Unconscious at Work: Teams, Groups and Organizations and Organizational Chaos and Personal Stress" in A Obholzer and V. Roberts (eds.), *The Unconscious at Work*. Routledge, 1994.
Stokes J., "Why do we Work?" in D. Taylor (ed.), *Hearts and Minds*. Duckworths, 1999.

第3章

ORGANIZATIONAL THERAPY
Chapter Three
Toyota Gets the Panic Feeling:
Systemic Brief Therapy Applied to
Organizational Change

トヨタを襲ったパニック
組織変化に応用される体系的短期療法（ブリーフ・セラピー）

ヒレル・M・ザイトリン，尾川丈一
by Hillel M. Zeitlin and Joichi Ogawa

　すでに確立された企業文化の変革は，しばしば意図せざる結果をもたらす。よくある美談のように，企業文化の変革は高尚な意図をもって始められるが，最終的には，想像していたよりも複雑なものになる。コンサルタントは，このような局面で招かれる。コンサルタントには，変革の道案内をし，変革を理解するための道筋を示し，新たに姿を現した現実に組織を適応させるスキルを提供することが期待されている。

　本章では，トヨタ自動車がコンピューター化された部品を生産システムに組み込む際に，米国MRI（メンタル・リサーチ研究所：パロ・アルト・グループないしはダブル・バインド理論で知られるコミュニケーション学派）が提唱したブリーフ・セラピーをいかに活用したかについて，事例を用いて示す。

　しかし，単に介入が成功した事例を示すだけではなく，新しい技術の可能性や意図せざる結果についてのストーリー，完璧な効率性を誇った生産システムが新しい技術の導入と世界的変化の波に晒されることにより，いかにして混乱に対して脆弱なものとなったかどうかを検証していきたい。

　また，ある特定の社会の中で組織文化を構築することによって成功してき

た企業や産業を襲ったグローバル化の影響を考察し，新たなグローバル経済競争に適応するための，企業や産業界の挑戦についても述べていく。

背景

　1990年代半ば，コンピューターは，大きな可能性を秘めつつ，自動車部品として華々しく導入された。推進派が思い描いた通り，コンピューターはエンジン内部の動きを正確にモニタリングし，システムがどれほど摩耗しているかを計算することができた。消費者は，予期せぬ故障の心配から解放され，いつ，どの部品を修理したり交換したりすればよいかを予測できるようになった。

　システム故障の予測に加えて，コンピューターはエンジン摩擦を減少させるための調整をすることもできた。また，エンジン内のピストンの動作による燃焼を事実上100％正確に計算することもでき，自動車による大気汚染の中で最も懸念されている二酸化炭素の排出を抑えることができるようになった。1990年代半ば，トヨタ自動車の経営という観点からは，これがコンピューターシステムを生産ラインに導入することへの期待であった。

　コンピューターをエンジン機能に導入する以前は，すべてのトヨタ車のエンジンに，事実上同一の基本メカニズムを採用させていた。結果として，通常のメンテナンスと修理の多くは，基本的に同一となり，メンテナンスと修理はどこででも行うことができた。各地域のメカニクス担当者は，自分の持つ技術で多くの車種に対応することができた。

　しかし，コンピューターの導入後，修理はすべて，コンピューターに対応する診断装置とそのプログラムをもつ特別な修理店でのみ行われるようになった。

　この変化がもつ意味を理解するためには，企業としてのトヨタ自動車の伝統，ミッションや文化を理解しなければならない。トヨタには，**ジャスト・イン・タイム**（JIT）と呼ばれる生産システムを構築した名声と自己認識が

ある。このシステムは，トヨタの生産技術の完璧なまでの同期性を表すものである。JITとは，自動車の各部品が仕上がってから，自動車生産に組み込まれるまでの時間を最小にすることで，工程間在庫の最適化を図るシステムである。数十年に渡ってこのシステムを洗練させた結果，トヨタ自動車はJIT生産システムを完璧なまでに仕上げ，生産シーケンスに関して99％の効率性を誇ったのである。

人間レベルで行われてきたことは，各労働者が行う作業を，単純な機械的手順にしたことである。作業を最小限にすることで，各工場の労働者は自分の職務を理解し，ミスや遅れを最小化することができた。

他の機械部品とは異なり，コンピューターチップの不良率は高く，肉眼で認識できない不良も多かった。それぞれのチップは生産プロセスの複数の工程で検査されたが，単に機能するかどうかだけではなく，チップを調査する機械システムがちゃんとチップを検査するかどうかも確認しなければならなかった。

コンピューター技術がトヨタの生産ラインに導入されてから，組立ラインで働く作業員の主たる役割は劇的に変化した。組立ラインの作業者は，1つのタスクを行うのではなく，チップを受け取り，それが正しく作動するかを確認しなければならなくなった。本章で述べる出来事が起こった1990年代半ばの段階では，組立ラインの作業者が受け取ったコンピューターチップの50％から60％に欠陥があったのだが，これは異常な数字ではなかった。しかし，コンピューターチップが正常に作動しない場合，緻密に時間が計算された生産システムの一連の工程は，少なからぬ影響を受けた。

組立ラインの作業者にとっては，作業は効率的で，ミスや中断による混乱が最小限に抑えられた合理的なものになった。しかし，適切に作動するよう，チップを何回も検査，再検査，評価し，さらなる調整も行うようになり，プロセスはかなり複雑なものとなった。

トヨタにおける企業文化の変革

　トヨタ自動車は日本国内に自らの企業城下町を持っている。古くから「養蚕の町」として栄えてきた**豊田市**は，1959年に市制を施行し，現在は人口42万人の都市に成長している。豊田市民の大部分はトヨタの従業員とその家族である。従業員に対して包括的な文化的環境（生活構造）を提供するのが，トヨタの企業文化といえる。よって，トヨタは階層構造を有しており，それが関係性と社会的ステータスを規定している。その意味においてトヨタは，マネジメント層とラインの作業者たちというような明確な階級差を多く含む，日本社会の1つの側面を強調した縮図ともいえる。日本の企業文化は，企業全体として，何かを共に達成することに大きな誇りを感じることを重視している。一方で，実際に起こった，あるいは，起こると思われる失敗を恥とする一面もある。こうした階層化は，批判的なコミュニケーションに制裁を加える文化につながる。

　コンピューターチップの導入に伴い，以前の企業文化の下で育ったトヨタの社員たちは，自分たちが作業上で失敗をする可能性が高まり，それゆえに生産システム全体の調和が損なわれる恐れが強くなったと思うようになった。時間通りに生産できないこと，およびそれによって組立ラインを止めてしまうことは，単なる機械や事業上の問題ではなかった。むしろそれは，社会全体との関係性に影響するものであった。

　生産ラインを止めてしまうことは，同僚との関係性やステータス，上司との関係性に変化をもたらすだけでなく，隣人や友人との関係性も変えてしまうものだったのである。そのため，特定の業務に熟達していることを誇りに思っていた人たちは，突然，自分がより複雑で難しい仕事をする立場に置かれ，作業で失敗する可能性が高くなったことに気がついたのである。

　同時に，マネジメント層のレベルでは，生産スケジュールを順守させる責任を負っている中間管理職が，同様のプレッシャーにさらされることになっ

た。個々の生産ラインは一定の時間内に作業を終え，製品を順番通りに次のラインに渡さなければならない。そのため，生産ラインが止まると，マネジャーはプレッシャーを感じ，決められたスケジュール通りに生産するため，組立ラインの労働者にプレッシャーをかけた。このようにしてプレッシャーは生産システム全体に連鎖し，結果として，士気の低下とミスの増加が生じ，労働者の不安感は一気に増大した。

グローバル市場からの波

　変化の第3の次元は，グローバル化によりもたらされた。トヨタ自動車は日本市場においては，電子部品を生産する企業，日本電装（現：デンソー）と良好な関係を構築してきた。デンは日本語で「電気」を意味し，ソーは「装置」を意味する。本章で説明する一連の変化が起こる前，日本電装はトヨタの電子システムを独占的に生産してきた。日本電装は，名目上は別会社であったが，事実上トヨタの子会社として機能していた。

　1990年代半ば，ある出来事が自動車産業を震撼させた。これは，本章にも関わる出来事であるのだが，スウェーデンの自動車メーカー，ボルボ社が自社の自動車に新しい安全機能であるエアバッグを導入したのである。現在でこそ，エアバッグは当たり前のものと思われているが，エアバッグは当時の自動車の安全性の評価基準を劇的に変化させたのだ。高級な装備やアクセサリーとは異なり，エアバッグは驚くほど短期間に自動車に必須の装備としての地位を確立したのだ。

　イギリスの高級車メーカー，ジャガー社は，ボルボを始めとする多くの競合企業と同様に，自社の自動車にエアバッグを装着するため，迅速に生産ラインを再構築するための方法をわれ先にと求めた。グローバル化の流れの中での市場の統合に乗じて，ジャガー社は日本電装に接触し，トヨタから日本電装を奪おうとした。当時はトヨタの企業文化，トヨタが競争しているグローバルレベルでのビジネスの文化が劇的に変化している最中にあり，このジ

ャガーの動きによって、トヨタの生産シーケンスには大きな混乱がもたらされた。

　トヨタは1992年、日本電装の装置をトヨタの自動車に組み込むため、広瀬工場を建設した。広瀬工場には5つの基本機能があった。第1は研究開発である。第2は研究デザインであり、製品の研究開発の成果物を修正・改変する。第3は品質管理であり、生産プロセス内の品質の一貫性と均一性を確保する。第4は生産プロセスの設計である。そして第5は、実際の組立プロセスである。

　最初の2つの機能は、これまで原則として日本電装に委託されており、トヨタの工場内での開発は実際には行われていなかった。そのため、日本電装がトヨタの生産シーケンスから外れることになり、そのときになって広瀬工場のマネジメント層は、自分たちがこのいっせいに押し寄せた変化に対応し、新しい生産システムを再構築するためのインフラを持っていないことに気づいたのである。

　広瀬工場の工場長はまた、新しい生産システムは、技術面での変更だけでなく、今までとは異なる企業文化の相互作用を必要とすることに気づいた。そこで工場長は、広瀬工場の生産システムの再設計の支援、およびすべての階層のスタッフがこれらの変化に適応する準備を任せるため、外部のコンサルタントを招聘した。

　工場長に招かれたコンサルタントの尾川丈一は、欧米流の心理療法の広範囲にわたる訓練を受けた日本人の組織心理学者であった。尾川に与えられた課題は、自動車の組立プロセスに組み込まれたコンピューターシステムという新たなラインに適応できるよう、組み立てラインの作業者たちを訓練するというものであった。任命を快諾する前に、尾川は個人的に克服しなければならない、ユーモラスなジレンマに直面した。彼は日産車を愛用していたのだった。任務を遂行する第一歩として、彼はこの任務に相応しい自動車、つまり、トヨタ車を購入するところから始めなければならなかったのである。

ブリーフ・セラピーと組織アセスメント

　組織は変革をしようとするとき，その構成員である人々と同様に，矛盾した反応を起こしてしまうことが往々にしてある。つまり，問題ある態度や行動を変革させようと努力（偽解決）をすることで，かえって問題を悪化させてしまうのだ。一方で，この種のジレンマは，現代の心理療法（psychotherapy）の発展に大きく寄与してきた。

　初期の心理療法の学派は，医療と同様に，客観的な科学的手法に依拠していたために，「何が問題なのですか？」という疑問を中心に構築されることが多い（Walter & Peller, 1992, p. 2）。

　このような問題の定義の仕方は，問題形成に関する多くの理論（精神分析から生物化学まで）を生み出したが，心理療法の体系は，この還元論的アプローチに限定されている。

　セラピストが一般システム理論やコミュニケーション理論からアイディアを取り入れるようになるにつれ，新たなセラピーのアプローチでは，問題を定義するよりも，「何が問題を持続させているのですか？」とたずねることに着目するようになった。問題が「持続している」ことを前提とすることは，問題が，個人の心の中，あるいは大きな社会システムの中で他の機能を果たしていることを示している。よって，飲酒をやめようとしているアルコール中毒患者は，自分の内面の不安感をマネジメントするほかの方法や，素面の状態における，まったく新しい社会的スキルを学ぶ必要がある。アルコール中毒患者が何度も禁酒に失敗する場合（そういうことはよくあることなのだが），彼の精神のある一面，あるいは，社会的役割は「問題を持続させる」ことにつながる。

　こうした問題の再発というジレンマは，解決志向型セラピー（solution-focused therapy）の発展において，さらに異なる着眼点をもたらした。問題が何であるか，あるいは，何が問題を持続させているのか，ということにば

かりに着目していると，状況はさらに悪化してしまうことが多い。むしろセラピストは，どのように問題が発生し，持続しているのかということへの着目を抑え，状況を改善するための対策に着目する戦略をとるよう助言すべきである。この伝統的な考え方とは異なる視点が重視しているもう1つのことは，解決策は内部に存在している（すでに解決は行われているが，当の本人がそれに気がついていない）ということである。個人の場合，解決策は無意識の中にすでに存在する。より大きなシステムの場合，家族，集団や企業の相互作用の場の中に存在する。

　MRI（Mental Research Institute）が提唱した変化モデルでは，**一次的変化**（first order change）と**二次的変化**（secondary order change）との明確な区別を重視している。**一次的変化**とは，問題を直接解決するために人間というシステムの中に存在する最初の典型的反応のことである。しかし，**一次的変化**のレベルでの試みは，そのシステムの限界を露呈するだけの結果に終わることが多い。よって，**一次的変化**での変化への試みが不十分であったり失敗したりした場合，不安感を生んだり，あるいは非生産的な試みを継続させてしまうことが多い。

　二次的変化は，**一次的変化**の変化への試みを継続することで問題が発生している領域を再生産してしまうことが多く，知覚のシステムレベルでのパラダイム・シフトが必要であるという認識に基づいており，無意識の資源を刺激するという心理療法の試みと類似している。

　エドガー・シャイン博士が，『企業文化──生き残りの指針』（白桃書房，2004年：原題 *The Corporate Culture Survival Guide*, Jossey-Bass, 1999）で解説しているように，私たちは文化を，企業の中の無意識すなわち基本的想定と考えることができる。文化は企業のアイデンティティを形成し，相互作用する文化を通じて，人は自分の居場所と働き方を知るのである。

　私たちは多くのブリーフ・セラピーの訓練を受けてきたので，無意識は直接的な個人の変化につながりやすいものではないこと，企業文化を直接的に変革しようとすることが，さまざまな抵抗を生むことを理解していた。なぜ

なら，組織においては，各メンバーは，自分が属する小さな領域の視点から文化を理解しているに過ぎないからである。

ブリーフ・セラピーのコンサルタントやセラピストが最初に行うアセスメントの斬新な特徴の1つは，問題解決のために今までにどのような施策がとられたかを評価することを重視している点である。

トヨタでは伝統的に，企業内のコミュニケーションは，各部門で上級管理職層，中間管理職層，一般の労働者たちが一緒に行う改善（Kaizen）ミーティング（同質的な集団によるQCサークル）の中で行われてきた。私たちは，チーム内での協力が重視され，ステータスが強く意識されている，階層的な企業文化の下では，このようなミーティングを開いても，労働者たちは自分の意見を自由に述べることができず，システム内の欠陥についての非常に重要な視点の提供もしづらくなってしまうことを懸念していた。

ブリーフ企業セラピー（短期企業療法）という介入

私たちが最初に行った介入は，異なる部門のラインの作業者たちを集めたピア・ミーティング（地位が同等の人同士で行う，異質的な集団によるミーティング）を設けることによって，ミーティングのプロセスを再設計することであった。中間管理職層と，上級管理職層についても，同様のピア・ミーティングを設けた。私たちの狙いは，地位が同じ人同士の間で，アイディアを自由に交換できる環境をつくり出すことであった。

ピア・ミーティングは，1グループ12～20名程度で行った。グループの階層分けは，50歳代前後で会社の中でさまざまな責任を負ってきた部長，40歳代の課長，その下に位置する主任（SL：シニア・リーダー），さらにその下に位置する主査（班長），そして，人事制度上は一番下の階層に位置づけられる20歳代の一般社員であった。20歳代のライン作業者は「ルーキー」と呼ばれていた。

私たちがこの新しい形式の集まりを設けたのは，コンピュータ技術の導

入が，ルーキーたちの役割を劇的に変化させたことが分かったからである。ルーキーたちは，これまでのように，機械に同じ動作を繰り返させることに特化した教育を受ければよいというものではなくなった。1つ1つのコンピューターチップをインストールするために，ラインの労働者たちは，いくつかのテスト業務を行わなければならない。彼らは，考えることを求められるようになったのだ。これは技術面での変化にとどまるものではなく，企業文化に新しい重要な要素を加えることを必要とするものであった。しかも，その新しい要素を，企業の文化が受け入れることのできる形で社員たちの前に登場させなければならなかった。

ミーティングは，簡単な質問を2問たずねる形式で行われた。2つの質問は，MRIで開発されたブリーフ・セラピーに依拠したものであり，小さな変化が大きなシステムに影響を与えるという前提に立つものであった。そのため，すべてのピア・レベル・ミーティングにおいて，同じ2つの基本的な質問を用いた。1番目の質問は，「**あなたが抱えている問題は何ですか？**」，2番目の質問は，「**その問題を解決するための最初のステップは何ですか？**」である。

これら2つの質問は，状況によって次のリストのいずれかにあてはめることができる。

1）ピア（同等レベルの社員），部下，上司との関係性
2）あなたの仕事はどのように評価されているか
3）技術・装置の機能
4）人材配置の要件
5）トラブル処理，問題が発生したときの外部のサポートの獲得
6）この面談と変化のプロセス
7）組織の機能
8）教育訓練上のニーズ
9）会社の方針

10) 仕事の量と質
11) 公式的コミュニケーションのプロセス（仕事の支持，文書によるコミュニケーション）
12) 非公式的なコミュニケーション

　介入の結果，（自然発生的タスク・リーダーを伴った）ワーキング・グループが発足した。ワーキング・グループはピア・グループの結論をまとめた報告書を提出した。その報告書は，いくつかのレベルでの変革を提言したものだった。ある報告書では，会社の職能の各レベルにおける変革を要する，新たな構造の必要性が記されていた。部長のグループが作成した報告書は，会社の経営陣たちが工場のニーズをより支持することを求めており，トップマネジメントが労働者たちのニーズを支持しているということを，労働者たちが認識できるようにすることを求めていた。
　課長のグループは，コンピューター電子システムを生産体制に適応させるため，トヨタの外部から専門家やコンサルタントを招聘することが必要だという結論に達した。トヨタが長きにわたり，生産システムの卓越性の頂点に立っていることを誇りにしてきたことを考えると，この結論は革命的と言えるだろう。新たな学習のために外部の人の力が必要であることを認めるということは，既存の企業文化に対する挑戦であった。
　「ルーキー」または「20歳代」のグループは，コンピューターの導入が労働者全員を知識労働者（多能工）に変えたので，ブルーカラー（単能工）という組立ラインにおける古い概念は，もはや適切でないという認識を示した。新たな学習の必要性に取り組み，技術的な実践的知識をもつ従業員を確保するために，新しい企業文化をつくり出すことが必要とされた。
　このような変化をもたらすためには，経営陣と労働者たちとの協力を可能にする，正直なニーズのアセスメントが必要である。企業のコミュニケーションはもはや，経営陣から組織の下方へと流れていくものとみなしてはならない。労働者やラインの上司たちが，新たな技術的環境やグローバル化とい

う現実の中で，経営陣に対して，担当業務に役立つ組織構造，サポート，資源を求めるための情報のインプットができるようにしておく必要がある。

考察

ユーティリゼーション（utilization）は，ブリーフ・セラピーにおける重要な概念であり，クライアントが提供する，あらゆるものを支援のために活用することが，セラピーの成果を挙げることにつながるということである。本章のケースでは，介入は，既存の企業文化を活用するところから始まった。階層的な組織構造を最初から変革しようとするのではなく，同じ階層の人たちで構成されるグループで集まり，ラポール（rapport：信頼関係）を形成した。

ブリーフ・セラピーでは，解決策は外部の専門家から与えられるものではなく，適切な媒介物を与えることで，システムの内部から生み出されるものだと想定している。こうした新たなイノベーションや企業文化の変革により，トヨタは新たな生産システムへの移行をすみやかに実現することができた。

以下に掲載する工場長からの手紙は，今回の介入によって生まれた変化の一部分を説明しており，私たちのとったアプローチの概要を示すものとして有用である。

工場長からの手紙

尾川丈一様

　私はすぐに先生のご研究を拝読し，結果報告に驚いただけでなく，心の底から落胆もいたしました。正直に申しまして，とても落胆しましたが，同時にまた，やる気も起きました。製造技術チーム（開発部門や技術部門と現場のラインの間をつなぐ部門）を評価し，他の部門と同様に，技術的トレーニングと開発を行うことで，残業時間を削減するイニシア

ティブを取っていく必要があることを再確認いたしました。

　また，ブレイン・ストーミングや学習セッションも実行し，もちろん，各部門を担当する役員や理事との話し合いも行う所存です。先日，先生と話し合いました通り，上流部門の電子技術部はおそらく，私たちと共通した多くの問題を抱えていると思われました。そのため，総合的な操業ビジョンや技術的テーマ，さらに，労働者の操業上の負担を軽減する方法について，各部門の部長たちと話し合いました。現在，5名の部門長とコンセンサスをすり合わせている最中で，まとまり次第，結論を役員や理事に報告するつもりです。

　技術部門の部長たちが同じような問題を抱え，同じように解決策を模索していたことは，私にとって幸運でした。私はたった1人で，危険な領域に飛び込まずに済んだのです。私は自分の地位を危険にさらして，行動する必要がないのです。実は，残業時間削減の件では，担当の役員や理事からの承認を頂き，先月後半から，実行に移しております。このように行動を通してコミュニケーションを行うことで，事業所間の交渉や協力を実行できると考えております。

　皆さんが操業効率を向上させて，代わりに残業時間を削減する気持ちをもっておられるので，総合的な操業プロセスはもっとわかりやすいものになると期待しております。今年の初頭にお話ししましたように，「プロセス・リエンジニアリング」という名の下，私は方針とプロセスを改革し始めました。私の部下たちの本心を知ることができたことは正直なところ，大きな喜びでもありました。同時にまた，私の経営能力を向上させる良い機会であるとも考えております。しかし，長い間に染み付いた独特の経営手法や悲観主義が頭を持ち上げていることも確かです。正直なところ，心の底から，失望を感じることもあります。このハードル

を越えたら，先生のおっしゃる個人的な成長を実現することもできるのでしょう。

　先生にご提案いただいた中間管理職のトレーニングの件ですが，私たちが無事に目的地に辿りつくことができますように，先生にご尽力いただけますようお願い致します。先生にご提案いただいた，7月14日と21日の2日間のトレーニングを実現させたいと存じます。どちらも金曜日ですので，夕方に懇親会を行うことは可能ですか？　閉会式として，簡単な食事や飲み物を出すことで，トレーニングの効果がより向上すると思われます。また，中間管理職を全員を招待したいのですが，例外なく全員を招待するべきだと思われますか？　係長クラスを数名招待するのはどうでしょうか？　係長クラスは数名にしたいのですが，お考えをお聞かせください。

　最後に，皮肉なことですが，製造業のメーカーは目に見えないノウハウに支払うお金はあまり持っていないのです。ですから，こちらの状況をご理解いただき，先日のセッションと同じベースで，夕方の懇親会にも謝礼をお支払いしたいと存じます。

　先生との個人的なミーティングの件ですが，火曜日のご都合の良い時間はいかがですか？　詳細については，後日お電話致します。お返事が遅くなってしまい，申し訳ございません。先日いただいた比較的長いお手紙を読ませていただくのに，時間が掛かってしまいました。

取り急ぎ，お礼まで。

第4章

ORGANIZATIONAL THERAPY
Chapter Four
Toward the Application of
Family Systems Therapy to
Organizational Development

家族システム療法
組織開発への応用にむけて

ディヴィッド・L・ケイロフ
by David L. Calof

はじめに

　本章では、家族システム理論（family systems theory）とその臨床技術を、組織に対するコンサルティングに応用する方法について探っていく。ここでは家族療法（family therapy）のパラダイムを、とくに一般システム理論の派生物として紹介する。また主要な家族療法モデル、および問題形成（problem formation）と問題保持（problem maintenance）に関する家族療法の理論を概説する。さらに、組織開発の研究で取り上げられる主な概念の応用について説明するためのケースをいくつか挙げ、結論を導く。

　組織開発、マネジメント、およびリーダーシップに関する多くのトレーニングやコンサルティングは認知心理学、学習理論、行動主義に深く根ざしている。

　近年、精神分析やその他の個人心理療法（individual psychotherapy）に関する学派に属する研究者たちは、組織心理学やコンサルティングに関心を抱きつつある。家族療法の理論と実践は、次第に組織開発の研究もその対象と

するようになってきている。組織開発の考え方と家族療法の伝統との間には濃密な融合の可能性があり，事業組織における分析と介入のために，有益な地図を提供すると思われる。

人間組織の基本モデルとしての家族

　家族の相互作用と機能を基礎としたモデルをビジネス組織に応用することは，直観的に納得できることである。なぜなら私たちのモデルや，仕事や監督，組織内の階層，権限の委任，協調，アカウンタビリティ（accountability：説明責任）といった概念の意味を形成する原体験（formative experience）の源となっているのは家族だからである（※訳者注：アメリカでは1965年のFortune 500社を対象とした調査によれば，世界の47％のビジネスは家族経営でもある）。家族はあらゆる人間組織の基礎となるモデルであり，メタファーでもある。私たちが，家族の類似物としてさまざまな団体や機関などを産み出しているのは，何ら不思議なことではないのだ。私たちの多くは，人間組織におけるつながりや親密な愛着を表現する際に，「（自身の内面化である）家族構造」に関する引喩を用いる傾向がある。「ここXYZ社では，我々は単に緊密に結びついてはいるが，機能不全に陥っている家族なのです」というような表現をよく耳にする。私たちは裁判沙汰になっている企業合併のことを，結婚や別居，離婚にたとえることも多い。また姉妹都市，兄弟のような同僚，グランド・ファーザー（祖父）条項（既得権者除外条項），パパ・ママ・ショップ（夫婦による自営業店）のように，家族を用いた引喩は枚挙にいとまがない。

　組織の中や周辺で働いている私たちは，私たち自身と私たちを育てた起源である家族とを，分離しようとしても分離できないのかもしれない。私たちは各種機関や団体を家族として組織化するだけでなく，私たちの家族内での経験がその組織における経験として編成され，その組織自体を形成するのである。とくに私たちが（危機，意思決定，コンフリクトのような）強いストレスに直面する際，組織の構成メンバーは多くの場合，出身家族の中で学習し，

トラウマや喪失感など愛着対象形成体験（attachment-shaping experience）によって洗練されていく個人的な論理，行動パターン，価値観その他の内的スキーマに回帰する傾向がある。

それゆえ，家族療法のアプローチを組織のコンサルティングに応用することは，論理的で自然なことだといえる。

家族システム・パラダイム

家族が存在している限り，人間はお互いの家族の問題に反応したり，アドバイスを与え合ったりするものである。初期の専門家たちが家族の問題に助言を与えてきたのは確かであるが，家族成員間の相互作用の外で生じる問題に取り組むことを唯一の目的とした1つの職業が確立するには，20世紀の半ばまで待たなければならなかった。家族療法運動は結婚カウンセリング，家族の生涯教育，社会福祉事業と，社会精神医学を含む18世紀以降始まったいくつかの独立した流れが融合して生まれたものである。

一般システム理論

現在，家族療法は多くの学派に分岐しており，それぞれが発展をとげ，共存している。これらの学派は精神力学的，精神分析的なアプローチをとるものから，純粋な行動学的アプローチにまで多岐にわたっている。これらの学派は，家族システム内での問題の保持や変革に関する理論において大きく異なるものの，どの学派も一般システム理論（general systems theory：GST）の考え方を（ある程度は）前提としているという点で共通している。一般システム理論のどの概念に重点を置くかという点では，学派によって違いがある。

家族の一般システム論的視点では，個人は核家族，拡大家族（extended family），ワーキング・グループ，コミュニティ，国家といった，より大き

なシステムの連鎖の一部と解釈される。一方あらゆる人間システムは，より小規模な一連のサブシステムによって構成されている。サブシステムは，より緊密な内部組織化とコミュニケーションを特徴とし，そしてより大きなシステムの中で他とは異なる特徴的な機能を果たすような，より大きな高次のシステムの一部を構成するものである。家族におけるサブシステムには，親，配偶者，兄弟姉妹などがある。

人間のあらゆるサブシステムにとっての課題は，家族という上位システムがもつ許容範囲の中で十分な成長や変革を可能にするために，境界線を柔軟なものにすることである。

家族セラピストは，変革は洞察からではなく，新たな相互作用や新しい関係性を生み出す新しい行動から起こると考えることが多い。この点に関しては，実際の人間組織を治療しているプロセス・コンサルタントは，個人のクライアントを相手にする精神療法家というよりも，家族システムを対象とする家族セラピストのように機能する。組織コンサルタントと同様に家族セラピストは，コミュニケーションや自己緩和（self-soothing）のようなスキルを教え向上させることに加えて，機能的で親密な関係性のダイナミクスを丹念に調べ，コミュニケーションや絆，仕事の分担，組織，構造を明らかにし，それらのパターンに影響を与える。

家族システム・パラダイムでは，問題は症状を示している個人や初発患者（index patient）ではなく，システムの中にあると考える。個々の症状は，そのシステムを代表するものとして，またそのシステムの機能として発症する。症状は問題を解決するための，システムによる試みなのである。この考え方においては個人の行動は，個人の身体的・精神的健康でさえも，個人の関係性のシステム，（家族を起源とするものを含む）過去および現在，仕事や社会的システムにおける障害の産物なのである。

家族セラピストが対象とするのはそうしたシステムなのであり，特定されたあるいは初発の症状を，システムのいずれかの部分における機能不全（dysfunction）の指標とみなしている。

家族セラピストは，どのシステムにも重要な変化をもたらすのに十分な資源があると考え，またいかに不合理に見えてもすべての人間行動には目的があると考える，楽観的な療法士ともいえるだろう。

ケーススタディ
機能不全家族としての組織

組織の背景とコンサルタントの役割

リンドン・ジョンソン大統領の「偉大なる社会」（1960年代半ば）の時代，偉大なる博愛主義者であるレオン・サリバンは，ゼネラル・モーターズ社史上初の黒人取締役となった。サリバンは，OIC（Opportunities Industrialization Center）運動の創始者でもある。OICとは都市内の経済的に恵まれない人々，移民，マイノリティを対象とした職業訓練および再教育用の自立プログラムを行うセンターを意味する。この種のセンターは，フィラデルフィアからアトランタ，シアトルなどの大都市で，雨後の筍のように次々とつくられた。同様のセンターは現在，アメリカの130都市，および，19か国で運営されている。

このケースでは，アメリカのある主要都市に置かれている，XOIC（仮称）という組織を取り上げる。XOICは1965年に創設された。黒人牧師たちからなるコミュニティ・リーダーのグループが（とくに黒人コミュニティの），市民リーダー，公民権運動のリーダー，ビジネスリーダーたちと手を組み，レオン・サリバンによって示されたXOICのビジョンを支持した。

XOICは急速に成長し，そのサービスの規模や範囲は拡大した。創設からわずか8年でXOICは優れた職業資格を持つ労働者を育成し産業界に送り出すことで，地元ビジネス・コミュニティに素晴らしい功績を残した。この時点で，組織は周辺地域に9か所の支部を持つに至った。このような地域分権的な運営形態は，強い中央集権型の権威主義にもとづく経営者のリーダーシップ・スタイルを生んだ。このようなリーダーシップ・スタイルは組織

全体をまとめあげ，コミュニティ内にミッションへの強いアイデンティティを与えるためには，きわめて有効に機能した。

　1972 年連邦政府からの大きな支援を受けて，XOIC は荒廃した都市の中心地に，大規模な技能訓練センターを建設した。この新しいセンターは，支部に点在していた経営および訓練プログラムをひとつ屋根の下に集結させ，プログラムとサービスを大幅に拡大させることを可能にするものであった。そして職員はわずか 18 か月の間に，90 名から 200 名近くにまで増加した。

　新しいセンターに移転する 1 年前，専務取締役（ED）は新たに人事・人材開発部を設立し，新しい人事部長を採用した。人事部長に期待されていたのは，組織の人事管理機能を専門化させるとともに拡大し，業務規模の拡大に合わせて人員を増加させ，広範囲にわたる訓練・開発プログラムを立ち上げることであった。

　人事部長（DOP）は，経営コンサルティング会社での職務経験が評価されて採用された。その人事部長はそのコンサルティング会社で，取締役の採用，マネジメントや監督業務の訓練，給与管理，社内での人材配置を手がけていた。この実績により専務は人事部長に権威を感じ，彼に多くの裁量を与えることにした。注目すべきことは，人事部長がこの組織において唯一の非マイノリティ（つまり，白人）の上級管理職だった，ということである。

　組織が新しい本部に落ち着くと専務は人事部長に，毎週開かれる取締役会で職員の離職率を報告するように指示した。人事部長はおおまかな調査に基づいて離職率を報告したが，それは業界の平均的な水準をはるかに上回るものであった。人事部長は，なんらかのシステム的な問題があると考えられるので，さらなる調査が必要だと提案した。この発表は，他の取締役の懐疑心に火をつけた。取締役たちが，新しい人事部長によって組織文化が厳しい調査にさらされることに脅威を感じていたことは疑いようもなかった。

　専務は他の取締役の懐疑心を退け，人事部長のコンサルタントとしての経験と専門知識に言及して，詳細な調査を行うことを決定した。専務は人事部長に，組織の離職率に関する再調査を行い，90 日以内に，取締役会で調査

結果と勤続率を上げるための計画を提案するよう指示した。

　記録を分析すると，離職率は組織の創設以来ずっと，高水準で推移していることがわかった。平均すると組織の離職率は年29％であり，37％に達した年もあった。調査の前年の離職率は24％であったが，状況は悪化の傾向にあった。勤続率は，給与水準と正の相関関係にあった。

　中間管理職層と上級管理職層の離職率は，監督職層や一般職員層よりは低いものの，業界平均と比較すると中間管理職や上級管理職の離職率も高い水準で推移していた。

組織文化

　ひとつ屋根の下で急速に成長し統合されたことは，この組織の短い歴史では前例のないことであり，組織文化に津波のようなショックを与えた。新しい技能センターに移転する前，各地域は独立した企業体であるかのように存在し，機能していた。新しい技能センターに統合される前は（上級管理職以外の）プログラム管理者は，他の地域や部門での運営や成果にはほとんど関心を払っていなかった。強い中央集権型の権威主義的リーダーシップは，組織を完全で，統合され，ミッションに沿ったものにする役目をはたしてきた。新しい技能センターへの移転，組織の統合，あるいは組織の成熟や急速な成長に伴って，組織文化は大規模な協働と参加，相互依存へとシフトする必要があった。多くの部署が，新しい技能センターに統合される以前に自分たちが行ってきたような，独立組織として存在することはできなくなった。たとえば移転以前には，木工部門のヒーターが故障したとしてもほとんどの職員は故障に気がつかないか，関心を示さなかった。しかし新しいセンターでは，すべての職員が集中管理型の暖房やエアコン・システムを使っており，また誰もが同じ駐車場に車を停めなければならなくなった。

　しかし集計したデータを分析すると，組織は統合されておらずバラバラであることがわかった。従業員は生徒（ミッション）に対する強いコミットメントを示す一方で，組織内における対人環境はワーキング・グループ間の疎

外と孤立を助長し，組織の運営方法に対する絶望感と無力感が広がっていた。トップダウン式の権威主義による経営は，生まれたばかりの組織では上手く機能したが，今では恐怖心によって生み出されるモチベーションや，プログラム間・部門間の不健全な競争を生み出す温床となってしまった。組織の運営においてはワーキング・グループ間のアイデンティティ，共感，協力の欠如が顕著となった。従業員には，組織のミッションに個人として利害関係を持っているという感覚がほとんどなかった。これらの要因によりライン（現場）で働く人たちの間に，自分対組織というスタンスが蔓延する結果となった。

　取締役たちは彼らが強く抱いていた想定において，そしてその対人スタイルを通じて，従業員は統制し指示しなければ，受動的で怠慢で自己中心的であり，自分でモチベーションを生み出すことができず，変化には抵抗し，だまされやすく知性的でないと，公式にも非公式にも断定していた。1960年代，ダグラス・マグレガー（Douglas McGregor）は労働者のモチベーションに関して，マネジャーたちは相異なる2種類の理論を念頭においている，と論じた。これらの理論はX理論，Y理論と呼ばれ，まったく異なる2種類の従業員に対する見方を解説したものである。XOICのマネジャーが従業員の属性として考えていたのは，古典的なX理論のリーダーにあてはまるものである。X理論のリーダーは従業員に関して，あるいは人間の本質に関して悲観的な視点をもち，人間のモチベーションは低次元の欲求に根差すものと考えている。反対にY理論のマネジャーは，人間は本質的に受動的な存在ではないと考える。Y理論のマネジャーは，人間が受動的になるのは本質的にそうであるからではなく，組織での経験がそうさせると考える。Y理論ではモチベーションと責任能力は，人間に内在するものであると考える。そして人間は本質的に野心があり，自らを動機づけることができる存在であり，責任を引き受け自ら方向づけを行うことを好み，良い仕事をすることで内発的に満足感を得る性質ゆえに，立派な仕事をやり遂げようと努力する存在だと考える。さらに従業員は，不必要な制約や障害がなければ自身に本来的に

備わっている創造的な資源にアクセスし，成長することができると考える。

　XOICは古典的なX理論の組織であった。この種のマネジメント原理主義の下，取締役のリーダーシップは，エンパワーメントではなく権力や統制に重きを置いた。組織は成功していたにもかかわらず，組織内のすべて階層において無力感が蔓延していた。この原因としては政府からの資金援助の不足，（とくに，この時代における）不安定性や非永続性というマイノリティのコミュニティに深く内在した文化的想定，ビジネス界や産業コミュニティからの支援の不安定性，変化しやすい政治動向，その他多くのものが挙げられる。おそらく権力と構造に重点を置いたことは，無力感への防衛策として機能していたのであろう。

　X理論に依拠するマネジャーは，経営陣は従業員よりも，生産事業に関わる要素を組織化する責任があると考えている。ゆえに，意思決定には透明性がほとんどなかった。組織の存続や従業員の生活に関わるような重要な決定は，あたかも天からの勅令のごとく伝達されていた。ラインで働くスタッフや中間管理職が問題の特定や解決に参画できることはめったになかった。従業員からの意見や要望が吸い上げられることもほとんどない。組織全体で行うミーティングは概して，専務の緊急の決定を発表する場とされていた。ここには相互作用が入り込む余地はなく，参加型マネジメントというよりは，中学校の朝礼に出るようなものであった。上級管理職は公式にも非公式にも，対人プロセスや省察を妨げたり，その重要性を貶めたりすることに終始し，「君たちは自分の仕事だけを一所懸命にやれ，他のことはすべて私たちが面倒を見る」という経営スタンスを貫いた。このようなマネジメントでは，個々人の発達に向けた試みが許容されることはほとんどなく，自律性と権限の適度なバランスは支持されず，奨励もされなかった。例外的な行動は認められず，従業員は，ささいな非礼や反抗的な態度をとっただけでも，上司に報告されることがたびたびあった。特別な賞や報酬はコミュニティの支持者たちに渡され，従業員がそれらを得ることはなかった。

　四半期ごとに開催されるマネジメント研修は，権威主義経営スタイルの典

型であった。各四半期に，25名の中間管理職と上級管理職が，厳しい2日間の社外研修に参加した。管理職たちは専務取締役と常務取締役（DED），業務執行役員たちを前にして，馬蹄型のテーブルに何時間も座り続けなければならなかった。管理職たちは1人ずつ，専務取締役に四半期の業務報告を行った。専務は検察官のような態度で管理職を詰問し，彼らの業績やプレゼンテーションの欠点をあげつらった。その場で発言することを許されていたのは事実上，報告を行っている管理職と専務だけであった。専務による尋問の間，質問を発したり，コメントをしたりするという危険を冒す者はめったにいなかった。まれにあえてコメントや質問をする者もいたが，そのとき部屋の雰囲気は明らかに緊迫したものとなり，質問者は退出を求められたり，非難されたりした。言葉にされていたわけではないが，「**自分に直接関係ないことに口出しするな**」という，明確なメッセージが込められていたのである。常務取締役の役割は，次の証人を証言台に立つように呼ぶことだけだった。研修前と研修中の緊張は大変なもので，尋問は伝説的なものとなっていたので，あきらかなストレス由来の症状による中間管理職の長期欠勤は，研修前後の時期には劇的に増加した。

　このような権威主義のリーダーシップは，組織の形成期には大変上手くいくことを，ここでもう一度強調しておきたい。コミュニティの創設者と活動家を組織し具体的な行動を取らせるうえでの課題は，家畜猫（ハーディング・キャッツ）にたとえられる（※訳者注：すなわち，どのようにして彼らに集団行動をとらせるかという問題にたとえられる。つまり不可能なことを指す）。組織の創設時からの専務であった——そのことが彼の権威主義的経営を強化したのだが——彼の力強いパーソナリティがなければ，組織は創成期につまずいてしまったかもしれない。しかし組織の成長期においては，このような要素が積み重なると，新たな試みや健全な意見の相違，組織学習の機会といったものを抑圧してしまうのである。

機能不全家族システムとしての組織の解釈

　図4-1に，XOIC経営チームの組織図を示す。機能不全家族システム（dysfunctional family system）としての組織の解釈を明確にするために，経営心理的樹形図（genogram）も図4-2として示す。

　心理的樹形図は，結婚セラピストや家族セラピストが家族の歴史，構造，人口配置属性を分かりやすく図示するものとして長く用いられてきたもので，質的評価のプロセスの1つである。経営心理的樹形図は，通常の家系図以上の役割を担っている。経営心理的樹形図は，家族メンバー間の関係性やメンバー間の相互作用のパターン（たとえば，親密さ，対立関係，融和，融和しているが対立もしている，孤立，敵対，虐待，疎遠など）を表している。家族療法において心理的樹形図は医的障害，節目となる出来事，生活状況，教育水準，ライフイベント，およびその他の心理療法に関連するさまざまな情報を表すものとして用いられる。一般的には心理的樹形図は，クライアントとなる家族と家族セラピストが共同で書き上げるものである。

XOICの「家族構造」

　XOICの父親ともいうべき人物は，創設時からの専務取締役である。彼は背が高く，その立ち振る舞いは決意が固く，悪賢く，権威主義で，誇りに満ちているといった，相手に強い印象を与えるものであり，威風堂々とした他者を圧倒する風貌の人物であった。上級管理職たちは，陰では専務のことを「親父」と呼んでいた。感情的な虐待が行われている虐待的な家族（abusive family）の父親のように怒りを露わにする性質以外は，専務は自分の感情を自分の心の中にだけ収め，部下を全面的に信頼して心の内を打ち明けるということはなかった。専務は「路頭に迷っていた」創成期から目覚ましい発展を遂げるまで，ずっと組織を導いてきた。まったく異なる複数の部門や活動を自らのカリスマ性と冷静なコントロール，あるいは頻繁に威嚇することで

第 4 章
家族システム療法

図 4-1　XYZ 職業訓練センター
　　　　経営チーム標準組織図

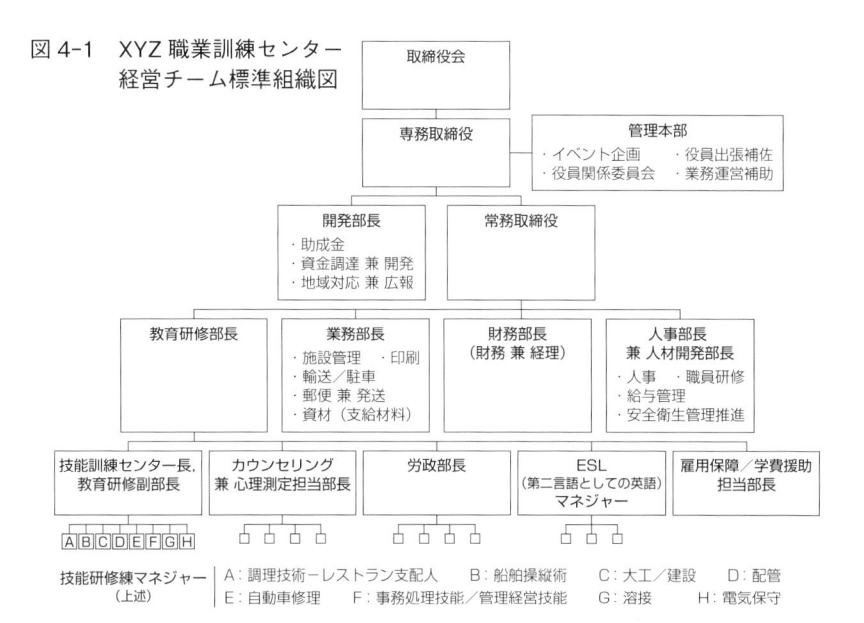

```
                        取締役会
                           │
                        専務取締役 ─────── 管理本部
                           │              ・イベント企画　・役員出張補佐
                           │              ・役員関係委員会　・業務運営補助
            ┌──────────────┤
         開発部長          常務取締役
         ・助成金
         ・資金調達 兼 開発
         ・地域対応 兼 広報
            │
   ┌────────┬────────┬────────┬────────┐
 教育研修部長  業務部長   財務部長    人事部長
            ・施設管理 ・印刷 (財務 兼 経理) 兼 人材開発部長
            ・輸送／駐車              ・人事　・職員研修
            ・郵便 兼 発送            ・給与管理
            ・資材（支給材料）        ・安全衛生管理推進
```

技能訓練センター長，　カウンセリング　　労政部長　　　ESL　　　　　雇用保障／学費援助
教育研修副部長　　　 兼 心理測定担当部長　　　　　（第二言語としての英語）担当部長
　　　　　　　　　　　　　　　　　　　　　　　　　　　マネジャー
A B C D E F G H

技能研修練マネジャー　│A：調理技術－レストラン支配人　　B：船舶操縦術　C：大工／建設　D：配管
　　（上述）　　　　　│E：自動車修理　F：事務処理技能／管理経営技能　G：溶接　H：電気保守

図 4-2　XYZ 職業訓練センター　経営心理的樹形図

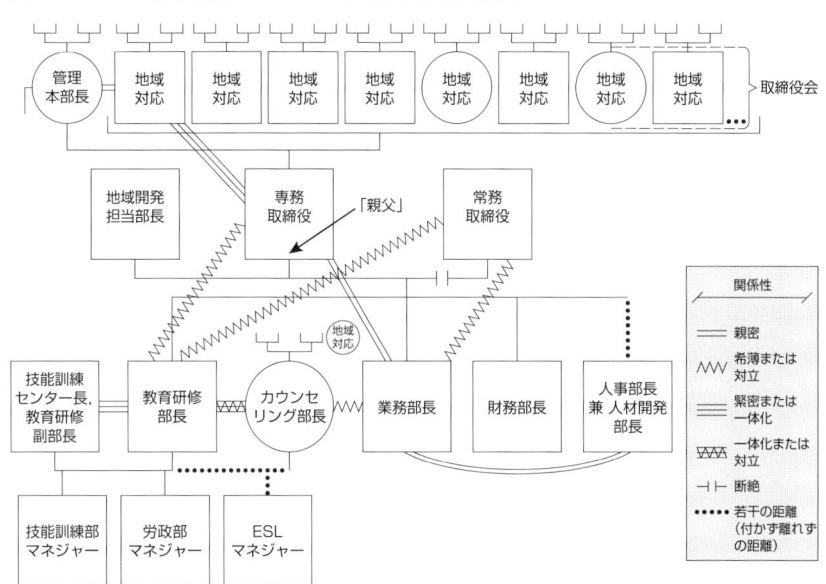

[経営心理的樹形図：管理本部長、地域対応（複数）、取締役会、地域開発担当部長、専務取締役「親父」、常務取締役、技能訓練センター長・教育研修副部長、教育研修部長、カウンセリング部長、業務部長、財務部長、人事部長 兼 人材開発部長、技能訓練部マネジャー、労政部マネジャー、ESL マネジャー などの関係図]

関係性
━━━　親密
〰〰　希薄または対立
≡≡≡　緊密または一体化
〰〰〰　一体化または対立
─┤├─　断絶
•••••　若干の距離（付かず離れずの距離）

57

まとめあげ，従業員には盲目的で断固たる忠誠心を要求した。

誰も専務に直接，対抗しようとする者はいなかった。XOICでは従業員は専務の前では萎縮し，うやうやしく，（退行的に）子供のようにふるまい，しばしば子供という役割への一体化の1つの方法として，子供じみたユーモアに回帰することもあった。管理職たちは虐待的な家族の中の子供のように，承認をもらったりお世辞を言ったりする（いくつかのお世辞を受ける資格は十分にある）ときだけ専務に対して注意深く忠実にふるまったが，自分の心の奥底にある不満は，他者のみならず自分自身に対しても隠していた。同様に暴君的な父親を持つ虐待的な家族で育った子供は，父親の挑発や暴力や怒りに満ちた衝突から身を守るために，父親が見聞きしたいことだけを映し出すようになる。家族というシステム単位では，このことは結婚というサブシステムにおいて子供が母親の代役として機能するような，迂回的保護関係を含んでいる。

家族システムの見地からすると，組織の個人間のパターンとコンフリクト回避のパターンは虐待的な家族，否認的な家族のそれときわめて類似している。このような家族システムは一般的に，上位システム（すなわち拡大家族，コミュニティ，学校システム，教会，市当局など）との情報やエネルギーの交換を厳しく制限する，厳格で通り抜けを許さない境界を維持している。こうした家族の中の親たちは，一般的に言えば立派なプロフィールを持っていることもあり，（教育者，政治家，牧師，教会の信者たち，ボーイスカウトのリーダーなど）コミュニティにおいて目立つ立場にあることも多いが，その家族システムは，通り抜けを許さない境界によって隠され，隔離されている。そのような家族の子供たちは，他の子供たちを自分の家に呼ぶことを許されない場合が多い。部外者を招くことは，境界により阻止されていた情報をもたらすため，その家族の規範や「方針」を脅かす可能性がある。そのような否認の家族システムは，学習やメタ省察（meta-reflection）のための能力を欠いている。そのため，否認の家族システムはすべての家族問題への答えとして，「変わりばえしないこと」に執着する。

そのようなシステムの父親は多くの場合，権威主義的な暴君であり自己中心的な人物で，疑うことなく彼を支え権力を与える，受動的で依存的な性格の女性を妻としていることが多い。結婚というサブシステムは脆弱であり，分化も不十分であるため，結婚に関する葛藤はしばしば子供たちを通じて迂回される。親たちの多くは，経営陣のリーダーシップに必要なチーム形成が得意ではない。親としての監督や家族経営は，ネグレクトから抑圧，そして明らかな虐待まで多肢にわたる。したがって役割の不明確さや不適切な境界線が，このような家族に特徴的なものとなっている。

夫婦の絆（つまり決め手となるサブシステム，あるいは役員のリーダーシップ）は，「家族システムの中軸」となる。XOIC では専務と最高執行責任者の常務が，必然的に組織の両親の役割を果たすことになっていた。そして虐待的な家族システムの父親と同様に，専務は自分よりもはるかに弱い人間をパートナーとして選んだ。常務は小さな NPO を経営していたが，専務の実績と名声に恐れをなし，専務に仕える機会を与えられたことに感謝さえしていた。

健全な結婚では，夫婦はお互いにオープンさが重要と考え，権力を分担している。夫婦のサブシステムは，他のサブシステムとは性質が異なるものである。しかし，このケースでの結婚は疎遠なものであった。専務と常務は感情的に分離していた。実際，専務は常務を遠ざけ，常務の弱さに対して抱いている軽蔑の念をほとんど隠そうとしなかった。専務による独裁体制の下では，常務が脚光を浴びる瞬間などなかった。常務は従順な配偶者であり，「家事」も任されていたが，専務は常務にほとんど敬意を払っていなかった。その代わりに，他の取締役や管理職たち（つまり子供たちの世代）は常務を周辺的な地位に追いやり，たとえば定時後の社交的な集まりからも常務を排除していた。

虐待的な家族における抑圧され，依存的で分化できていない母親と同様に，この共依存的な「母親」は，暴君的な権威主義者である父親の周りに頑丈な壁を作り，父親の子供たち（つまり彼の直属の部下である取締役たち）への

仕打ちを正当化し，虐待する父親が子供たちを傷つけたり，失望させたり，あるいは子供たちの気分を害したときでさえ，父親は心から子供たちのことを思っていると言いきかせた。

分析データによると，従業員や元従業員は虐待的な家族の子供たちと同様に，体系的な禁止条項をつくることで生き残るための精神構造を作り上げていた。

- 盲従的な忠誠心を持つこと。
- 上司（両親）の前では目立たないこと。
- 反対や怒りを表に出さないこと。従業員は上司を怒らせることを恐れ，感覚は麻痺していた。従業員は「常に下を向き」，ときには演技をした。冷水器の周りで噂話をする習慣はなく，常に建前で行動していた。
- 常に平静さを保つこと。
- 助けを求めないこと。
- 感情を表に出さないこと。とくに，痛みや弱さを表に出さないこと。
- 非難を甘受すること。「あなたが悪い」のだ。
- あなたのことはどうでもいい。あなたは使い捨ての存在なのだ。

虐待家族において，子供たちはいいなりになったり怒りを鎮めたりする役割を担うことで，システムに貢献することが多い。しかし子供の1人が，とくに思春期にある子供が，システムが否認している現実を行動で示すこともある。こうした役割は，実力のある教育プログラム部長（DEP）により担われていた。教育プログラム部長は常務直属の部下となっており，彼の担当部署が全従業員の半数以上を雇用していた。教育プログラム部長の考え方や行動は，スラム街の文化に深く根ざしており，権威というものを軽蔑していた。教育プログラム部長はしばしば限界に挑んで，自分の権利を強く主張した。家族システムの用語で言えば，教育プログラム部長は初発患者と呼ぶことができるだろう。

教育プログラム部長が常務や専務と関わるときのパターンは，迂回攻撃(スケープゴート)であった。専務は常務と教育プログラム部長の両方と対立することを回避し，非効率的で組織の問題の原因となっているのは常務であると非公式にみなしている教育プログラム部長と組んで，常務と対峙していた。

教育プログラム部長が組織の資源を個人的な使途に流用していたことが明らかになったときでさえ専務は，常務が直属の部下である彼に対して懲戒を科すのを妨げようとした。間違った行動をする子供を母親がしつけるのを父親が妨害することを想起させる行動である。

介入

鏡をかざす

他の上級管理職と連携して，人事部長はいくつかの主な目標に取り組むための介入プランを策定した。おそらく最も根本的な目標は，管理職のチームに肯定的なフィードバックを行い，問題の深刻さと，改善のため推奨される目標を示すことであった。

介入は専務が離職率の問題を取り上げたところから始まったが，最初の主な介入は人事部長が離職率に関する調査のプレゼンテーションを行うことから始まった。プレゼンテーションでは，管理職層や離職者へのインタビューや離職面談でのインタビュー，四半期ごとのマネジメント研修での上級管理職へのインタビューも紹介された。データはもちろん匿名で紹介されたが，人事部長および専務と常務は，紹介データに対する意見を議論し合うよう管理職のチームに要請した。管理職たちの間では介入戦略に関しては議論されなかったが，従業員の離職率を引き下げるために，人事部長が何らかの施策を打ち出すであろうとは言われていた。データは，「過失は不利な根拠にならない」(※訳者注：組織に対する善意(忠誠心)・悪意のみが問題とされるとの意である)という形で示された。つまり組織内に非難する文化があるにせよ，取締役たち

は，管理職チームがデータに関して自由に省察することを望んでいたのである。それは当時，この組織においてはきわめて珍しいことであった。本人のいない場所での非難や防御の手段としての攻撃が無かったので，介入戦略は効果的に進み，管理職たちの議論から，2つの明確な規定に関して価値ある収穫が得られた。

1．従業員の勤続状況を改善することは，全従業員の目標である

2．すべての従業員は，組織の統合と団結を推進する役割と責任を負っている。

人事部長はこの原則を適用することによって，従業員の間に連帯感や相互依存性が生まれ，ワーキング・グループ内およびグループ間に協力，組織への一体化，共感の精神が養われるという説明をした。そしてこのことが従業員間で「他の」従業員の真価を認め，**「私が組織だ」**という態度を育むことにつながる助けになる，と管理職に説明された。

人事部長は，介入において重要なのは専務と常務との婚姻関係において権力を分かち合い，コンフリクトを解決するための洞察力を高めることと，教育プログラム部長がもはや専務と常務の間のパートナーシップにおいては役割を果たさないように世代間の境界線コントロール（つまり序列関係を再建すること）をつくり出すことであると結論づけた。このパターンは，長期間に渡り定着した。

この構造問題は，そのパターンに直接対峙することである種の抵抗を生じさせるのではなく，さまざまな間接的アプローチを使って対処された。たとえば職員たち，とくに直属の部下に対する常務の評価権力（権限）の強化が図られた。次に行動段階のいくつかを示す。これらのステップは，組織の統合と団結を推進するという目標に合致するものである。

まずはグループの監督者と管理職のための全員必修の研修，会議の促進と

円滑化，面談の技術，業務監督に関するプログラムが開発された。プログラムは人事部長により考案されたが，従業員への告知は常務が取り行った。

　人事部長が常務とともに実行したもう1つの大きな介入は，マネジメント研修の再設計であった。そこでは専務ではなく常務が管理職からの報告に対する主たる討論者となり，従来のような尋問型の1対1の対話のみを行うのではなく，報告に続いて管理職同士の議論をさせ，常務はその議長役を務めるという形にした。こうして常務は，新たに獲得した会議の促進・円滑化スキルを活かせるような文化を生み出す際の，事実上のリーダーとなった。

　現場従業員の所属の感覚や従業員の共通利益に対する関心を向上させるために，人事部長は秘書や経営管理支援職のスタッフの協力を得て介入を行った。伝統的に現場従業員は，組織という家族において継子（まま子）のように扱われ，彼らの関心や福祉に注意が向けられることはほとんどなかった。人事部長は管理職たちに対して実施したのと同様に，現場従業員とも非公開の面談を行った。この面談は，組織の健全性とミッション（使命）に対する従業員共通の利害意識を高めるのに大きく貢献した。彼らが具体的に職場の何を問題視しているかは匿名で記録・整理され，マネジメント研修において人事部長から是正策の提案として示された。これらの問題点を従業員の不満という枠組みで捉えるのではなく（あるいは管理職たちがかつて思っていたように「愚痴」としてではなく），「他の従業員を認知する」という枠組みで提案されたため，より強い「家族」意識と職員同士の利害の共有が生み出された。

　人事部は，従業員の社外での関心事（例：音楽，ゴルフ，裁縫，スポーツ等）を集めた任意のデータベースである，「関心事バンク」を開設した。従業員たちは，このデータベース（カード型検索システム）を自由に検索し，同じような関心や趣味をもつ同僚を見つけることができるようになった。このシステムにより，所属部署や階層上の序列を越えて，従業員同士が交流する機会がすぐれて増加することになった。この組織はそもそも，各支部がそれぞれ非常に離れて配置されたものであったため，大半の従業員は自分が属

するワーキング・グループ以外にはほとんど知り合いがいなかった。従業員間のつながりが増えたことを示す指標の1つとして，社員用カフェテリアが挙げられる。カフェテリアにあるほとんどのテーブルは2人用として配置されていたが，従業員たちはテーブルをつなげ，グループで食事をとることが多くなった。

　人事部長はまた，臨時タスクフォースというグループをつくり出した。この臨時的なアドバイザリー・グループは，管理職が任命することもあれば，従業員が任意につくれるものでもあった。臨時タスクフォースには，かなり非公式なディスカッション・グループや，研究成果や各種報告を発表する公式の専門委員会などさまざまなものがあった。人事部長は管理職と協力して人材募集と採用の施策を変更し，また組織のミッションと応募者の価値観や希望との間の共通の利益を重視する考え方へと変えていった。人事部は，応募者の将来像と組織が合致しているかどうかについて面接用の質問を作成し，管理職に対し新規採用の面接の際にこの質問表を使うための訓練を実施した。たとえば応募者は，組織のミッションや施策が，いかに応募者自身の今後の教育についてや市民としての義務についての考えと調和しているかを説明するように求められた。面接官は，財源カットのような将来起こり得る重要な問題に対処するための将来のシナリオを応募者に問うよう教えられた。

　最後に人事部は上級管理職からの承諾を得た後，従業員全員を対象とした研修にダイバーシティ研修（後に，人種多様性意識化研修と呼ばれた）を加えた。この研修により，従業員間の人種問題が軽減されるという効果が表れた。

結果

　介入を開始して数か月のうちに，離職率は目に見えて低下した。2年間にわたる調査の終了時には，年間離職率の平均は24％から17％に低下した。この離職率は，比較対象となる同業他社や同一職種の水準にはるかに近づいており，さらに低下する傾向にあった。

まとめと考察

　私たちの調査と介入のうち，何が勤続率の上昇に影響を与えたのかは，はっきりとは分からない。たとえば，私たちはホーソン効果（Hawthorne effect）を別にして考えることはできない。ホーソン効果とは研究対象が研究されていることを認識しているため，そしてこれまでになされてきたいかなる実際の治療とも対照的に，通常の対処とは異なる形で反応してしまう傾向のことである。離職率が17％に低下したというのは，組織としての機能が改善した結果なのだろうか，それとも管理職が時間とともに成熟してきたというだけのことなのだろうか。おそらくしかし，この2年間での組織文化（組織における態度，経験，信念，価値観の目に見える部分および見えない部分）の変化は，この2年間の調査でわかった離職率の変化と同様に，非常に顕著なものであった。

　1つの指標として職員同士のミーティングは，かなり指示的で権威主義的なものから，より話し合いを促進する協働的なものへと変化した。調査を始めた当初は従業員はミーティングを恐れていたが，とくに臨時タスクフォースの創設によりスタッフ・ミーティングはコンフリクトを解決し，革新と協働を実践する場となった。さらに従業員は新たに獲得した，ミーティングをするスキルを使ってみることにだんだん興味を持つようになった。

　従業員は，間違いなく組織の統合を進展させ，ミッションの共有やスタッフ同士および部門間のつながりが高まったと感じていた。また従業員は友人・同僚に組織で働くことを勧めるようになったことも特筆に値する。こうしたことは組織の創成期には頻繁に行われていたが，月日の経過とともに行われなくなっていた。

　家族療法は，一次的変化と二次的変化を区別するシングル・ループ学習理論，ダブル・ループ学習理論の概念として紹介されることが多い。一次的変化は，シングル・ループ学習に相当する。シングル・ループ学習においては

システムを構成するメンバーは変化するが，その変化は態度，信念，価値観，目的，枠組みにかかわる体系や，問題を保持する変革戦略を変化させるものではない。このような変化は，他のコンテキストに一般化することができない。

　二次的変化はメタ変化を意味する。ここでは，変化や問題の保持を支配する変数が変化する。人々が問題そのものについて考えるだけでなく，問題の根底にあり，問題を支配している変数を調整するための取り組みを行うのである。XOICは，この二次的変化を開始したものといえる。

ORGANIZATIONAL THERAPY
Chapter Five
Satisfying Work:
The Inner and Outer Demands of Career

第5章

やりがいのある仕事
キャリアの内発的要求と外発的要求

D・スティーブンソン・ボンド
by D. Stephenson Bond

　仕事とはただの苦役や不自由の源ではなく，多くの人がむしろその中で誇りを感じようとする「職」になり得るものだということは，長々と論じる必要はないだろう。フロイト（Freud）が，人間が追い求めるべき2つの大きな経験は愛と仕事だと述べたのは，もっともなことである。
　仕事とは自尊心（self-esteem）と熟達（mastery）の源泉であり，社会への関与であり，肯定的あるいは否定的な自己アイデンティティの基盤となり，また継続的な学習の源泉でもある。仕事は人生に骨組みを与え，退屈さや疎外感と戦うものである。

――Robert Kuttner, Everything for Sale: *The Virtues and Limits of Markets*, 1996, p. 84

　ケース1　ある建設会社の55歳のマネジャーは，自分のキャリア全体に疑問を持ち始めた。このマネジャーは，最近完了させた新しいスタジアムのプロジェクトで産業界から表彰されたが，社内の別のポジションに異動させられた。新しいポジションでは，このマネジャーがかつて考案した建築前段階のアイディアやツールを用いることで得られる便益について，若いプロジェクト・マネジャーたち――すでに大きなプロジェクトを引き継いでいる――を納得させなければならない。

このマネジャーの人件費はプロジェクトの予算から出ており，社長はマネジャーの手法に熱意を表してはいるものの，マネジャーは，若いプロジェクト・マネジャーたちが自分の専門家としての意見を採用するかどうか，疑いを抱いている。

　ケース2　50歳のある大学教授は，キャリアの頂点を迎えている。彼はその専門分野における一流の科学者であり，12歳の頃から自身の研究に没頭してきた。彼のアイディアと特許は少なくとも2つの新しい産業を生み出し，彼の教え子たちは彼の素晴らしいアイディアを市場で応用する新しい企業を起こしている。

　ケース3　ある52歳の機械エンジニアが新しい仕事を始めようとしているが，彼は将来の見通しについて，どう考えればよいのか分からないでいる。彼はさまざまな仕事を経験した後，自分がキャリアをスタートさせたまさにその大企業で再出発しようとしている。彼がさまざまな仕事を経験している間に彼がついていたポジションは，その企業からスピンアウトして設立された新しい子会社に移っていたのだが，その子会社は事業に失敗して別の大企業に買収され，彼は結局その会社を退職することになる。後になってわかるのだが不幸なことに，大きな期待を抱いて野心的な新興企業に移ったものの，その会社が2年後に2回目の長期債務の資金調達に失敗したのを目の当たりにしただけだった。彼は元の会社に戻り，新しいポジションについてみて，あの大騒ぎは何だったのだろうと感じている。そしてこれまでの経験から学んだことが，自分の今後の仕事に役立つのかどうかと悩んでいる。

　上記の3人の男性には多くの共通点がある。3人ともエンジニアであり，ライフ・ステージにおいてもキャリア・ステージにおいても，同じような発達段階のグループにいる。
　3人の中で，誰が一番仕事に満足しているのだろうか。社会科学的な視点

で見ると，その問いの答えは驚くほどあいまいである。そのような基本的な質問に答えるためには，個人の発達やキャリアの発達に関する基本的な想定に疑問をもたねばならないからだ。

　職務満足度が，やる気にあふれる，会社にとって重要な従業員をつなぎとめるためのカギとなる要因であるにもかかわらず，私たちのようなマネジャーは，顧客の満足度を数値で表すよう求められることが多いものの，従業員の職務満足度については，数値で表すよう求められることはさほど多くはない。

　職務満足度の根幹は，その人のパーソナリティに深く根ざしている。フロイトの答えは，2つの次元からなる。つまり満足（神経症という制約から解放され十分に機能している個人）とは「愛と仕事における熟達」として考えることができるのである。ある意味では，フロイトは感情生活と思考生活のマネジメントについて言及しているといえる。基本的なレベルにおいて，満足が二本の脚に支えられているという考え方に反論することは難しい。仕事やキャリアという公的な場面であらゆる成功を収めている人でも，個人のプライベートな性生活，人間関係，家族との生活といった感情的な問題に悩まされていたとすれば，人生に満足しているとは言い難い。しかし反対に性生活や人間関係，愛する家族に囲まれて満足している人でも，挑戦や刺激を感じるためにしている仕事において，自分の能力や才能が活かされず，認識されもせずにさまざまなキャリアを転々としている場合，何かが足りないと感じるであろう。マネジャーが直面しているのが，感情的に逸脱した従業員であれ，力を発揮できずに退屈した従業員であれ，もたらされる結果は同じである。その人は，半分しか活用されていないのである。職務満足は，2つの側面を必要とするのである。

　フロイト（S. Freud）が「熟達（mastery）」という用語を用いるとき，権力に対する自己中心主義的な意思ではなく，基本的な能力について考えていることを私たちは覚えておかなければならない。8歳の子供が全体的な運動スキルの発達課題をマスターしてしまうと，恐れることなしに自転車で坂道

を下るスリルを楽しめるというような意味で，フロイトは仕事と愛の熟達という言葉を用いている。恐怖から解放されることが，熟達の重要な要素である。発達が適切なものであるかどうかということは，また別の問題である。

つまりフロイトは，それなりの年齢に達した個人は，愛と仕事に関して基本的な能力を備えているという想定をしているのである。もしそうした基本的な能力に達していない場合，そのこと自体が，パーソナリティのある側面において発達プロセスに干渉──フロイト的な視点では，典型的には子供時代の経験によって引き起こされる干渉──があったことの証左となる。厳粛なビクトリア朝の世界で，フロイトは性行為の能力そのものを，熟達の表出を意味するものとしていた。つまり悦びを与えたり，受け取ったりする能力である。より一般的な言い方をすれば，愛の熟達とは結婚，子供とずっと一緒にいる生活，長年生活を共にする核家族，深く報いのある友情関係などの長期的な関係性やパートナーシップを完全かつ円滑に維持するような，愛の関係性をつくる能力のことを意味する。つまり熟達とは，このような関係に何度もうまく入れる能力を意味しているのである。そして熟達の不足(failure of mastery)とは，何度繰り返してもこのような関係にうまく入れないことを意味する。

仕事に関して言えば熟達とは，特定の職業グループ（たとえば，エンジニアのグループ）において，そこでのポジションを長期間にわたって成功裏に保持し続け，社会的に容認されたペルソナ（persona），コミュニケーションスタイル，専門家意識を他者に示し，納期や公約，スケジュールを順守するという基本的な能力を意味している。熟達とは，これらの課題がその人にとって，もはや到達点や挑戦的なものではなくなったことを意味する。熟達の不足とは，他の能力については多かれ少なかれうまくいっていても，ある特定の基礎的な能力については何度も失敗を繰り返していることを意味している。

このような観点から仕事上の熟達を考えると，仕事上の熟達とは，必ずしもすばらしい業績や成功を意味するものではないことが分かる。また，とく

に外部環境や経済的報酬を考慮に入れたものでもないことが分かるだろう。業績を上げれば満足感をもたらすとは限らず，最も多くの業績を上げた人，最も上位にランクされた人，最も多くの収入を得た人が，最も大きな満足を得ているとも限らないのである。このような観察結果は，真実であることが多い。しかしこの観点から考えると，満足感を得るための基本的な必要条件は，その人のパーソナリティの中に存在し，満足感はパーソナリティに基づいて測定されるものである。

さて，冒頭に挙げた3人の例に戻ろう。3人とも異なる環境にいるエンジニアであるが，仕事への満足感という視点ではどのように3人を評価すればよいのであろうか。感情生活については，1人は最近離婚し，独身に戻るという現実に直面している。1人は離婚を経験し，最近子供のいる女性と再婚した。もう1人は，30年以上にわたって結婚生活を続けている。3人とも，仕事に関する基本的能力上の問題が彼らにとっての難問となっていた時期には，それらをうまく乗り切っていた。ここで満足度の順位づけという私たちの尺度を用いるには，第1の指標として3人の個人的生活を調べなければならないだろう。

しかし，パーソナリティの中で満足度の所在を厳密に明確化しようとすることは，完成することのない絵を描こうとするようなものである。他の要素，すなわち文化的，社会的，組織的，それに生物学的要素さえ考慮する必要があることは疑いようがない。

フロイトのいう熟達という視点における1つの問題は，生物学的発達のサイクルや環境変化を考慮していない点である。人生のあるステージにおける基本的能力は，まったく異なる領域，あるいはさらに高い成熟度を要する問題に対応するための能力へと変換される必要は必ずしもない。ある特定の環境にうまく適応できたからといって，新たなスキルが要求されるまったく異なる環境で，必ずしも成功できるとは限らないのである。熟達したという感情とは，何かが完全に達成されたと確信するための1つの方法なのである。

このことは，組織コンサルタントにとっては問題となる場合が多い。マネ

ジャーは自分が問題を抱えていることを知っており、組織にいる間のある時期において熟達につながった方法が、別のときには用いることができないのはなぜなのか、理解できないという不満を持つことが多い。マネジャーは、ある環境で進化したある種のプロセスが、新しい環境にはまったく適応できないことに困惑してしまう。マネジャーは以前のように仕事に対して満足しているのかもしれないが、熟達が消失しつつあるという現実に直面しているのである。人生のサイクルは無情にも進んでいき、環境は必然的に変化していく。

カール・グスタフ・ユング（C. G. Jung）は、さらにダイナミックなモデルを示している。ユングにとってパーソナリティとは、パーソナリティそのものとの関係において成熟するというものではなく、あるレベルにおいては絶えず変化を続ける外部環境との関係において成熟するものであり、より深層のレベルにおいては、常により高い要求をする自分の内的環境において成熟するものである。ユングの考えでは、満足は**人間という有機体全体の生き生きとした表出**なのである。

ユング派の視点では、私たちと仕事との関係は、競合し合う内部からのプレッシャーと外部からのプレッシャーを均衡させる、適応的なものでなければならない。従業員1人1人をつぶさに観察すると、人間という有機体が職場で仕事に従事することを通じて、自らの内部にある生物学的に与えられた先天的な才能や能力を、直面している課題に程度の差こそあれ適応させ、合致させていることが分かる。

しかしより深く観察すると、発達し、練習を積み、（右利きであるということのように）好ましいとされている特性が、ある状況では、新たな状況で求められる、あるいは最近使われるようになったばかりの、未発達で未熟で（左手を使ってみるというような）効果が検証されていない特性によって均衡を保たれていることが分かる。発達した才能、スキル、能力と未開発のそれらとを合わせたものこそが、人間という有機体が内に秘めた潜在能力の全体像を表すものであり、それらは状況が整ったとき、あるいは必要性が生じ

たときに表出されるものである。

　つまり仕事を満足の得られるものにするためには，私たちはすでに知っていることや訓練を受けた部分だけでなく，発達途上の部分にも依拠しなければならないのである。すでに知っていること，ずっと昔に習得したことだけで仕事をしていると，長期的には焦燥感を味わうことになる。なぜならそのような状況が，生きていくうえでさらに上のレベルへの発達につながる未開発の潜在能力に焦燥感をもたらすからである。それはちょうど，雨の日で自転車に乗れず，家の中で過ごしている子供が味わう焦燥感と同じである。その子供が理解しているかどうかにかかわらず，適切な時期に総合的な運動のスキルを発達させたいという，生物学的な強い衝動が働くのである。

　生物学的な発達サイクルが子供時代に終わるものでないことを最初に提唱したのは，ユングであった。最近の研究では，あらゆる年代で脳の発達が観察されている。実際，愛と仕事における熟達を重視していることは，ユングが人生の前半と呼ぶ時期の発達目標と考えることができる。一方人生の後半は，必要な瞬間に活用できるよう潜在能力として待機し続けている新たなスキルが必要とされるような，挑戦課題をもたらしてくれる。

　その意味で私たちは職務満足に関する研究を，より識別的に行わなければならない。私たちの日々の仕事はたった1つのタスクにより構成されているのではなく，多くのタスクを含むものである。それぞれのタスクには，エンジニアにとっても異なる機能がある。たとえば建設プロジェクトのマネジャーは，午前中はプロジェクトの建設コストが予算内に収まるかどうかを評価する。ユング学派の用語を使えば，詳細を把握するために外向的感覚機能（extroverted sensation function）を用いてから，予算と技術的要件を概念化するため，内向的思考機能（introverted thinking function）を活用している。おそらくこれらは，エンジニアにとっては当たり前の機能であろう。しかし午後になると彼は下請業者と交渉しなければならず，下請業者は組合と交渉しなければならない。ここでは高度に発達した感情機能，ユング学派の用語を使えば，他人の価値観を識別し，認識し，理解する能力，が要求される。

そして彼は帰宅前にもう一度，プロジェクト全体を概観する。静かに目を閉じて全体としてのプロジェクトを見渡し，すべてがこのまま進めばプロジェクトが行程表通りに進むことを再確認する。それは外向的直観機能（extroverted intuitive function），すなわち全体を知覚する機能が作動していることを表している。

　これらの仕事のどちらの側面がより満足感として経験されるかは，多くの要因によって左右される。その人がどのくらい安全を感じているか（不安は絶対に確実なものへの回帰につながる），その人がどのくらい仕事に深く関わっているか（学習は未発達の機能部分において発生する），その人のエネルギー・レベルはどの位置にあるのか（低いエネルギー・レベルは古いものへの回帰を促し，高いエネルギー・レベルは拡大を促進する）によって判断される。少なくとも，バーンアウト（burnout：燃え尽き症候群）という現象は，潜在的なパーソナリティが仕事に引き込まれていないことと関係している。満足感のある仕事は，人間という有機体全体を引き込むものなのである。

　ユングは，私たちは生物学的な運命によって，進化という遺産の継承を追求するように機能すると推測した。つまり進化は，人生の前半では遺伝子の伝達やその生物学的な義務に伴うすべてのものに私たちをうまく適応させるために，私たちのパーソナリティを形成する。すなわち子供を養い，支え，世に送り出すために家族を形成する。そして家族を養い，支え，世に送り出すような文化を形成するのである。これは個々の環境が，これらの要求を多くの人々にとって不適切で，望ましくなく，手の届かないものにするために介入をする，ということを意味しているのではない。しかしより広い進化論的観点から見ると，愛と仕事における熟達を達成することによって，生物学的な強い衝動をどれほど満足させることができるかが分かる。そのような満足の深さ，そして基本的な生物学的な衝動がもたらす焦燥感は，決して過小評価されるべきではない。

　それでは，進化論視点から見て進化と関連がないように思われる時期であ

る人生の後半とは，いったい何を意味するのであろうか。ユングの議論では，中年期における大きな変化は，私たちのあらゆる進化装置が新しいタスクや新しい要求の方向に振れることを意味している。すなわちそれは，私たちの文化的遺伝子の伝達である。

　私たちはこの現象を，多くの形で目にしている。若い同僚へのメンタリングや教育機会，職務に関するメタ思考を要する状況（思考について思考すること，私たちが当たり前と思っていることの前提について思考すること），技術に対する渇望や完全に造り込まれたマスターピース（熟練者の傑作）の創造，文書化や出版などの形で経験を意識的かつ明確に省察すること，研修や職場外でのワークショップ，その日の仕事の大まかな感想について軽く話し合う非公式な集まりを持つことなどを通じて。

　そして，これは決して不必要なことではない。文化は個人にとってのゆりかごなのだから。人生の前半において文化は個人を前進させるが，人生の後半には個人の課題は文化を前進させることにある。なぜなら，文化には三世代分の深さしかないからである。もしも私が現時点で卓越性を示したとしても，変化の精神は若い世代から，古い考えに囚われない起業家から生まれることが頻繁に示される。このようにして，文化は変化するのである。しかし心理学的にはこれはある意味で真実であるかもしれないが，真実でない部分もある。安定した文化は周辺領域において革新を起こすが，それはほとんど変化とはいえないものだ。もちろん，このルールの例外となる個人がどの年齢集団の中にもいるものである。また文化の有する潜在能力を越える可能性をもつ人々が，いつの時代も存在するものである。私たちは天才のための余地を残しておかなければならないのである。

　私にとって文化（上位文化，社会文化，組織文化）は，環境（物理的環境，技術的環境，経済的環境など）に対する機能的適応を表すものである。つまりある特定の時代に特定の環境において作用する，特定の適応なのである。私たちはその事実をすぐに見失ってしまう。文化は，従前の適応を機能不全に陥らせるような環境変化に対応する反応としてのみ，変化を遂げる。若者，

起業家，革新家というのは，ときとして他の人々が気づく前に古い文化の機能不全に対応し，適応をしているように思える。しかし，次の点も指摘しなければならない。人生の前半においては，そうした起業家的精神や冒険心の方向性は自分自身のため，自分自身の成功に向けてのものである。つまり，人生の前半における発達の欲求を満たすことにある。したがって彼らはまだ，なすべき何かを有している。また人生の後半に入っていない人々，すなわち年長の人々を見つけることも簡単である。彼らは自分が常に行ってきたことをキャリア後期まで続け，その態度を変化させない。であるから，彼らもまたなすべき何かを有している。しかしフロイト学派の意味するというよりもむしろこの言葉の最も古い意味において，すなわちプロとしてすべてのことを成し遂げ，文化そのもののために，そして文化自体への愛情のために文化を発展させるマスター（職人の親方，芸術の巨匠，教師の長）になることはまったく異なる挑戦である。これが，人生の後半における満足感のある仕事なのである。

　そのため，少なくとも私たちは人生の前半の満足感と後半の満足感とは異なるものと考えなければならない。私たちは職場で，熟達というスリル，成功や業績，昇進の見込みを認識することができる。これらはある時点に到達するまでは，とても満足できるものである。成熟した労働者は，成功と失敗，達成とそれへの承認の不足，昇進と解雇，レイオフ，辞職を経験して生きてきた。では，将来はどうなるのだろう？　実際にはさらなる成功，さらなる失敗，さらなる達成，さらなる承認不足や承認の遅れ，あるいは単純なプラトー（plateau：伸び悩み）状態が待っている。同じことの繰り返しである。人は行けるところまで，行くものなのだ。

　冒頭で紹介した3つのケースをもう一度評価するとしたら，彼らがどのように人生中期を過ごしたかをもっと明確に理解せずには，彼らを順位づけすることはできない，と言わざるを得ない。3人のうちで，誰が昔と同じことをいつも頼まれていたのだろうか。誰がより成熟した挑戦を提供されてきたのだろうか。この3人のうち，過去には発見していなかった自分自身の

潜在能力や能力を開発する機会を提示されたという点で，最も満足度を高めることができたのは誰なのだろうか。

私たちは他の人にメンタリングをする機会を持ったり，自分の仕事に関してメタ思考をしたり，これまでの長い経験から何が起こったかを省察するための長い時間をかけたりすることが，いかに素晴らしいことであるかを語ることが多いが，至極現実的に考えると，キャリアの後半においては，このようなことこそが仕事なのである。文化の遺伝子を伝えていくこと，このことこそが満足なのである。

私たちはこれまで，一方では意識的なエゴ・パーソナリティの要求への満足に目を向け，心理学の深層から仕事の満足度について明らかにするとともに，他方ではパーソナリティや文化全体についての生物学的・原型的な深層での要求に対する満足についても探求してきた。

しかし私たちの多くにとって，仕事は私たちがまだ言及していない次元，つまり組織において行われるものである。自営業者でさえ，日々組織と関わっている。広義での仕事は，パーソナリティの要求や生物学的要求を越えて，組織の要求も同様に考察しなければならない。

エドガー・シャインはキャリア・ダイナミクスに関する，後の研究に多大な影響をもたらした著書（*Career Dynamics: Matching Individual and Organizational Needs*, Addison-Wesley Publishing Co., 1978：邦訳『キャリア・ダイナミクス』白桃書房，1991）の中で，人的資源計画および人的資源開発システムにおける重要な要素は，「仕事，家族，自己開発という総合的な『生活惰性』の相互作用」を組み合わせるプロセスであることを強調している（Schein, 1978, p. 17）。組織のニーズと従業員のスキルとを単に組み合わせるだけでなく，職務満足は，パーソナリティにある発達サイクル，および生物学的・文化的範疇，さらに最も重要なことであるが，組織自体の発達サイクルを包含する相互作用のマトリクスとして考えられなければならない。

さて3人のエンジニアのケースに戻るが，3人とも自己のパーソナリティにおける発達において，そしてより深い生物学的・文化的次元での成長とい

う観点において，さらには彼らの属する組織においても，職業人としての人生を確立させたということが指摘できるだろう。そして，3人とも自分自身が異なる状況に置かれていることに気がついたのである。

この点に関してもっとも有益なのは，キャリア・サイクルの中の各ステージと開発課題としてシャインが描いた絵であろう。この研究において私たちが学ぶべきことは，外的なキャリア活動という単なる人工的な加工物に目を向けるだけでなく，内的キャリアがどのように経験されているかに着目すべきだということである（Schein, 1978, p. 37）。

キャリア開発の全貌を把握するために，シャインは3種類の次元に注目することを提案している。個人のキャリアを映す伝統的な窓は，階層序列の次元である。これは，個人が組織のどの階層まで昇進していくかを見る次元である。しかしキャリア開発におけるもう1つの重要な側面として，シャインが呼ぶところの職能的・技術的次元もある。つまり個人が組織において，いかに専門知識や職能を変化させたかという次元である。例として挙げた3人のエンジニアは，いずれもキャリアの早い時期に，自らのキャリアの中核となる職能を確立している。しかしプロジェクト・マネジメントに要する専門性は，いわゆる純粋なエンジニアリングに必要な専門能力とは大きく異なったものである。大学行政が学部長のスキルを必要とするように，教えることも学び，その後で習得するべき別のスキルなのである。よってキャリア・サイクルにおいて私たちは，組織内での垂直方向への上方移動のみならず，異なるスキル・セットや任務を経る水平方向への移動についても説明しなければならない。

しかしより重要なことは，シャインが第3の次元として，最も見落とされがちな次元を挙げていることである。それは組織の中心部分に出入りできるかどうかあるいは加入できるかどうか，メンバーシップを得られるかどうかという次元である。人はキャリアを通じて，組織の中心部分に加われるかそれとも排除されるか，特別な特権や特別な情報にアクセスできるか否か，身内集団の一員として認められるほどの信頼を得て，会社の「秘密」を共有

できるか,といった点においても発達する。

　シャインのアプローチは組織内での職務満足,そしてキャリア・サイクルを通じての職務満足を理解するうえで,多彩な方法を提供してくれる。私たちは組織における垂直方向の移動だけを職務満足だと考えがちであるが,そうした理解は単純すぎるのである。垂直方向の移動は,職能の変更を伴うことが多い。管理職に昇進した才能あるエンジニアは,プロジェクトの獲得や入札を担当することも多い。職能領域の変更が,不満足の源泉となることも多い。組織の中心部分に入ったり出されたりという移動も焦燥感を引き起こしやすい。戦略担当副社長の子飼い(protégée：プロテジェ)(※訳者注：プロテジェとは,メンタリングにおいてメンターから育成・指導を受ける者のこという)であったマーケティング部のある課長が突然,マーケティング部長に昇進したら,急に会社の僻地に置かれたような孤立感を抱くようになるだろう。

　シャインはこのような3つの次元からなるマトリクスを明確にしたうえで,キャリア・サイクルの9つのステージと,各ステージに関連する役割,そして各ステージで直面する発達上の問題について確認している。それらは成長・空想・探索という第1ステージから,入職期,基礎訓練期,初期キャリア,中期キャリア,中年期キャリアの危機(第6ステージ),後期キャリア,衰退および離脱,そして最終的な引退(第9ステージ)にまでわたるものである。

　さて,私たちは3人のエンジニアの職務満足度をはっきりと測るツールを手に入れることができた。各ケースにおいて私たちはキャリア後期に入ったばかりのエンジニアたちを検証しているが,個々人を取り巻く状況は大きく異なっている。最初のケースでは中期キャリアからの動きは,社内コンサルタントとしての活動を強めてほしいという要請による水平方向への移動と,中心から外方向への移動の両方が予兆されている。このようなキャリア後期に典型的に見られるジレンマに,どのように対処すればよいのだろうか。2番目のケースでは,このキャリア後期のステージに入ることはほとんど意識されていない。このことを如実に示したのは,かつての教え子たちが今は同

僚として仕えており，かつては自分のメンターだったが今は引退している教授たちに自分がメンタリングを行っていることに，彼自身が気づいたときであろう。それゆえ彼は今，日常的な視点の中で研究を指導するよりもむしろ，他のメンバーの力をいかに統合し，自分の影響力を組織の中でいかに幅広く用いていくかについて学ばなければならなくなっているのである。おそらく学問の世界では多いのだが，彼を待ち受けている衰退および離脱，そして最終的な引退というステージにおいて，彼は苦難に直面するであろう。3つ目のケースではキャリア中期の危機において彼は，沈滞した組織，消極的に仕事に耐えなければならないスピンオフやその後の合併に見舞われた。続く創業間もない会社への彼の移動は権限の剥奪への反応，はるかに小さな組織で中心的存在になることへの欲求と考えることができる。大きな組織に戻るという彼にとっての課題とはつまり，中心的な位置にいることへの彼の最近のこだわりにたいして，いかに落としどころを見つけるかということになるだろう。

　組織の要求を満足するという考え方の最後は，私たちが以上で概観したキャリア・ダイナミクスに関連している。シャインは，キャリアとして表現されるパーソナリティを導く理想形を描く方法の1つとして，キャリア・アンカーという概念を導入している。キャリア・アンカーとは，「個人のキャリアを導き，制約し，安定させ，統合するために……自己が知覚した才能，動機，価値観の型」である（Schein, 1978, p. 127）。この定義は，職務満足を測る上で役に立つ1つのやり方が，個人と組織の間で取り交わされる微妙かつ言葉では言い表されないような心理的契約についての交渉や再交渉の中で，キャリアについて本人がもっている構想と組織の要求の統合と衝突に焦点をあてることだ，ということを示している（Schein, 1978, p. 120 ff）。

　ある解決法には報酬を与え，別の解決法には罰を与えるというような外部環境の中で，個人の中で競合している複数の人格的資質，そしてより深いレベルの生物学的・原型的な傾向や衝動に対して生じる神経症的な逸脱に対する1つの妥協という形で，青年期後半の私たちの中核的なパーソナリティ

は固まっていく。それと同様に，自ら知覚した（そして現実の成功や失敗により検証された）才能や能力，（現実の生活の中での選択によって表面化する）動機や欲求，（現実の生活で直面する状況の中で鍛えられる）態度や価値観を強化する時期である初期キャリアステージの中で，私たちは自己の理想化されたキャリア構想を形成している。つまり私たちの仕事上の経験は，原材料としての私たち自身の考えを鍛える，鍛冶屋の火の役割を果たすのである。未熟な願望や夢は，キャリア開発初期のステージで，職場の厳しい現実という堅い岩によって打ち砕かれてしまうのである。検証されていない能力は，競争という火の中で信頼できる道具へと変わっていく。その場しのぎのソーシャル・スキルは何度も繰り返し切り刻まれ，やがて職場での初期の社会化という丈夫なユニフォームになる。初期ステージの行程と試練を切り抜けることができれば，私たちは将来の成長とその磨きのかかった能力の基盤となるような仕事におけるパーソナリティの中核，すなわちキャリア・アンカーを形成することができるのである。

　満足をもたらす仕事は，タスクのつながりの切れ間から私たちの中核となるキャリア構想を伴って，大きく育ってくるようなものであると考えることができるだろう。これこそが成功した，言葉には表されない心理的契約なのである。しかしキャリア・アンカーが挑発的な形で挑戦を受ければ，私たちはすぐにモチベーションを失い，大いに不満足な気持ちになる。そして，心理学的契約は破棄されることになる。

　職務満足のダイナミクスを理解するためには，それぞれにおける状況をキャリア・アンカーの相対的な実現可能性と関連づけて理解しなければならない。3人のエンジニアへのインタビューの中で，3人目のエンジニアは，最終的に彼がベストを尽くせる仕事（エンジニアリングの中心部分）に戻ることができたとき，新しい仕事に最も満足していたと答えていたことが分かった。新興企業を退職して以来の紆余曲折の中で，ベンチャー・キャピタルなどとのやりとりで日々その場を凌ぐことで，水から釣りあげられた魚のような気分を味わうことになり，彼がずっとやろうとしてきたこと——デバイス

をつくること——を実現するという目標から自分が常に外れたところにいると考えていた。そして驚くべきことに，もっとも仕事に不満足だと答えたのは，私たちの大学の教授であった。彼がもともと，本業の妨げになる単なる雑務だと考えていた学部経営の仕事は，学部長としての彼の主たる職務に変わってしまった。彼の日々の業務は，長い雑務の連続になってしまった。彼は自分の職務を誰かに引き継ぎたいと思っている。そうすれば，彼は自分の愛する研究業務に戻ることができるからだ。

　結論として私たちは，仕事への満足を高める要因が，いかに有機体としての人間全体を捉えているかを見てきた。満足とは，以下の内容を意味する。

　　1）各々の発達過程におけるパーソナリティからの要求を満足させる。
　　2）ライフサイクルにおける，生物学的・文化的要請を満足させる。
　　3）組織からの要求を満足させる。

マネジャーとして，私たちは自分の居場所からの視点を単純に区分したいという誘惑にしばしば駆られることがある。私たちは意思決定のプロセスを，目的に合致し，それに見合った報酬に得られるかどうかにだけに注目して単純化したいと願っている。しかし，組織も人間である。私たちは人生の3分の1を仕事に費やす。家庭での関係の問題，刻々と過ぎる生物学的な時間，加齢への焦燥感，長い間チャンスを待つプレッシャーと対峙しなければならないパーソナリティと，明らかに強い責務や熱心さを伴って大きなプロジェクトに取り組むときのパーソナリティや，よこしまで浅薄な意思でプロジェクトに取り組むパーソナリティとは，まさに同じものなのである。人々がキャリアのどの地点にいるのか，あるいは個人と組織の双方に寄与する満足で適切な挑戦課題をどのように作り上げるのかをより的確に判断するためには，私たちはパーソナリティの総合的な「生活構造」を認識しなければならないのである。

第6章
組織セラピーに関する
いくつかの省察

エドガー・H・シャイン
by Edgar H. Schein

　さまざまな専門分野の学際的グループが多くの論文を本書に寄せてくれたおかげで、どのようにして組織や、組織の中でキャリアを歩んでいる個人を支援すべきかについて、さまざまな考え方を示すことができた。私たちの間での相違点は、意味論的でもあるし、実体論的でもある。本章では本書の議論に関する私自身の省察を述べて、願わくは私が認識した実体論的な相違点を明確にしたい。私たちの議論の中で浮かび上がってきた理論的課題は、以下のようにいくつかのカテゴリーに分けることができる。

　　コンサルテーションおよびセラピーのプロセスにおける「診断」や「介入」にはどのような役割があるのだろうか。「診断」や「データ収集」という言葉は何を意味するのであろうか。この言葉と「介入」との違いは何なのだろうか。

　最初に議論すべきは、診断の役割であろう。なぜなら通常、診断は新しい「クライアント（私たちが「クライアント」という用語を用いる場合、個人、集団、組織システムといった、あらゆるカテゴリーを意味する）」に会った

ときに，コンサルタントとセラピストの両方が最初に行うことと考えられているからである。実践的観点から見ると，コンサルタントやセラピストがコンサルテーションおよびセラピーのプロセスを**診断**的な態度をとって始めるか，それとも**介入**的な態度をとるかによって，大きな違いが生じる。

診断として行う場合，コンサルタントやセラピストは，最初から専門家あるいは医師としての役割を果たす。そのため，クライアントとの初期の関係の中で行われることは，妥当で有益な診断を実現するために何が必要となるかという基準に左右される。こうすることにより科学的妥当性という基準と，そして信頼性と妥当性を最大化するデータ収集方法とを活用することができるのである。そこでは妥当なデータを収集するという必要性が，データ収集方法がもたらすクライアントへの影響よりも優先される。

一方コンサルタントやセラピストが自分自身を**介入者**，ファシリテーターまたは触媒役だと考えている場合，コンサルタントやセラピストは，それが診断データとして重要であるかどうかは関係なく，第一義的には最も「支援になる」と考えられるものに支配されることになる。クライアントを不安にさせたり，うろたえさせたりするようなデータ収集の方法は避けるべきだと考えられる。診断の妥当性は介入の効果を観察することで検証され，診断の有用性はクライアントの反応によって測定される。

多くのコンサルテーションやセラピーの理論は，診断を治療あるいは介入とは区別している。時系列でみるならば，組織のメンバーと面談すること，テストや調査を行うことは，多くのモデルにおいて，治療や介入プログラムを計画する前に実行される，定型的な手順である。しかし組織へのコンサルティングのために提唱されたプロセス・コンサルテーション・モデルにおいては，コンサルタントやセラピストは，クライアントと最初に接触したときから介入を始めているものと明示的に想定している（Schein, 1969, 1978, 1999）。これはまた，診断と介入は同時に起こるものであり，実際に診断のプロセスは，初期の介入に対するクライアントの反応から多くの情報を得ているという想定をも意味している。

言い換えるならこのモデルにおいては，公式に定められた時系列に沿った形の問診や，診断のための面談や調査といったものは存在しない。接触するクライアントとコンサルタントやセラピストが面談のための調査やプログラムについて決定をする場合，それは診断と治療双方の機能を持つ介入の始まりと考えられる。よって，コンサルタントやセラピストとクライアントの双方が，診断的介入を次のステップとして望ましいものであると考え，介入によるクライアント側への影響を十分に考慮された場合にのみ，診断的介入が行われる。

このような考え方は，治療を始める前に診断は行われなければならず，コンサルタントやセラピストが一方的にどのような診断データを収集するかを決める，というものとは大きく異なる。プロセス・コンサルテーションという視点から考えると，治療はコンサルタントやセラピストがクライアントからの質問に最初にコメントをした瞬間から始まり，次のステップはクライアントとともに決定することになる。

またプロセス・コンサルテーションの視点で考えると，クライアントに対して質問の後に公式の――たいていは書面による――診断を与えることを推奨するようなこれらの治療理論は，どの程度かはわからないがやみくもに行為をしているのであり，それゆえにクライアント側のシステムの機能に対する診断の影響を考慮しない場合には，無責任に行動していることになる。もしも診断が専門用語を含んでいる場合――多くは精神分析的用語を表すのだが――，診断はクライアントの依存性を強め，またコンサルタントやセラピストはクライアントに処方箋を渡し，治療をする専門家としての役割を強めてしまう，という問題を引き起こす。反対にプロセス・コンサルテーションでは，あらゆるステージにおいてクライアントがコンサルタントやセラピストと診断という仕事を分担して行わねばならず，システムの状態についてコンサルタントやセラピストとともに学習していることを理解しなければならず，さらにシステムの状態を改善するために次のステップでなにをするのかをコンサルタントやセラピストとともに決定しなければならない，というこ

とが明確に想定されている。

　プロセス・コンサルテーションの介入原理の基礎にある理論的想定は，何らかの支援を必要とする「**(個人という)　システム全体**」がその姿を見せているため個人を診断することは可能であるが，システムの中の当該診断プロセスに含まれていない部分への診断の効果は把握できないので，**組織単位**では，このような形の診断はできない。個人は，少しずつではあるが姿を現す自我というものを持っているが，そうした自我は少なくとも閉ざされた空間の中にあり，それが表出したときのみに観察されうるものである。人がある組織に働きかけるとき，コンサルタントやセラピストが行ったことによって影響を受けるであろう組織メンバーの多くは，彼らの目の届く範囲には存在せず，また彼らにその存在さえ知られていない。加えて組織やその中のさまざまな組織単位がもつ組織文化や下位文化を形成する規範は，コンサルタントやセラピストが，**エスノグラファー**や**参与観察者**という**観察者**の役割を担って組織の中で長い時間を過ごさなければ，それを知ることはできない。それゆえ診断調査のような所定の介入の持つ効果は，本質的には知ることのできないものである。コンサルタントやセラピストは，個人に大きな不安感をもたらす何かを表出させた場合，すぐにその場で対処をしなければならない。書面による診断や診断的プロセスが，組織において一部のメンバーを新しく異なったやり方で行動させる原因となってしまうような何らかの無意識的なプロセスを表出させた場合，コンサルタントやセラピストにはそれが見えないことが多く，さらに悪いことには，取り返しのつかないことになる可能性もある。

　このような問題は，集団においてどのような作用をするのであろうか？集団がセラピーのプロセスにかかわり，すべてのセラピーに出席するという規範を受け入れている場合，すべてのメンバーに対する診断の成り行きがコンサルタントやセラピストの目の届く範囲内にあり，かつそれに対処できるものであるなら，その診断アプローチはうまく機能するであろう。しかし集団がセラピーへの参加に明確なコミットをせず，「ただやり過ごす」だけの

タスク・グループであった場合，不安をかき立てるデータを表出させるような診断プロセスは，メンバーの離反につながったり，コンサルタントやセラピストの目の届かないところで，メンバーが予測のつかない行動に出たりすることにつながる。プロセス・コンサルテーションの原理においては，ある集団状況では集団は，自らについてのどのような診断情報が欲しいのかという問題，および問題を浮き彫りにする上でどのようなプロセスが有効なのかという問題と対峙すべきであると考える。このような場合におけるコンサルタントやセラピストの役割は，集団が隠したり抑圧したりていることを浮かび上がらせるための異なるいくつかのプロセスがもたらす結果について，集団が理解するのを支援することである。

本書の読者は，多くの章で「介入」という概念が，ケースの基礎データを収集した後に行われる「何か」を指すものとして用いられていることに気づくだろう。どのようなデータを集めるのか，面談の際にはどのような影響が生じたか，あるいはその他なし得るどのようなことが行われたのかといった，決断の際に直面したであろう諸問題について，ケースの記述の中ではほとんど注意が払われていないのである。

組織セラピストとしての私の考えでは，介入には，1）診断的介入（diagnostic intervention），2）変化を目的とした介入（change-targeted intervention），という少なくとも2種類がある。診断的介入では，セラピストは害を与えてはならず，具体的な変化を目指した今後のより目的の明確な介入を促進するような，クライアント・システムとの関係を構築するための介入をデザインしなければならない。

コンサルテーションおよび治療の望ましい結果とは何か？

一般的なセラピーの目的は具体化できるのか？　目的はどの程度，一般的なものなのか？　コンサルテーションおよびセラピーのゴールは何であるべきか，という点に関して，学派間でどの程度の合意に達してい

るのだろうか？

　さまざまなケースについての議論を通して，私たちがクライアントとともに成し遂げようとしていること，私たちがどのような変化を実現しようとしているか，ということに関する考え方が学派間で大きく異なっていることが明らかになった。この中で，お互いについての表面的な想定をつくり出したり，私たちの目的の類似性を過大に評価することは容易である。実際，以下のカテゴリーにおいて私たちが実現しようとしていたことには，かなりの多様性があった。

- 動機や価値観を明らかにすること
- クライアントが自我のさまざまな部分をコントロールするための支援をすること
- 選択肢を増やすため，内的な対話を刺激すること
- 内部状態に精通すること
- クライアントの注意の対象を変化させること
- クライアントの優先順位を変化させること
- 自我の中の異なる部分間のコンフリクトを解決すること
- クライアントの感情的・認識的プロセスの中で，古い連想（association）を打破し，新しい連想を形成すること
- システムにおけるクライアントの役割を変化させること
- 感情（emotion）と情緒（affect）を代謝させること
- 浄化（カタルシス：catharsis）
- 機能不全となっている行動に関して，明確な変化を起こすこと
- 自我を受け入れ，クライアントの行動や意識的感情や気分（feeling）が「正常」であることを再確認すること
- クライアントの洞察形成能力を高めること
- クライアントの自身の問題への対処能力を高めること
- 問題や対人プロセスに対処するための新たな概念をクライアントに導入

すること
- コンサルタントやセラピストとの関係を通じて再学習する機会を与えること
- クライアントが抱える問題に適切な教育をすること
- 与えられた役割や置かれた状況において，恥と感じたり，罪悪感を生み出したり，文化に反したり，容認されないと考えられていた新しい行動を試すことを許容すること

私たちはこれらのさまざまな項目をより一般的なカテゴリーに分類するような機会はなかったが，一方それらの項目は何らかの形で以下の事柄にかかわっている。
すなわち，

1）洞察
2）自己受容（self-acceptance）
3）以前は認識されていなかった，あるいはコントロールできていなかった感情や思考をコントロールできるようになること
4）計画された変革と新たな行動を伴う試行
5）必要とされる変革を促進するための組織システムにおける力関係の再構築

私たちの議論において，ケイロフは恐怖症に悩む個人に関して興味深いケースを挙げている。このケースにおいて中心となるコンサルテーションおよびセラピーのプロセスは，相互のコミュニケーションを開始するために個人のさまざまな自我を確認し，それぞれの自我における価値観と優先順位を再評価し，新たな優先順位を中心として中核的な部分を置き，それを発展させることであった。それぞれの自我はそれぞれ異なる行動を要求するため，さまざまな自己があることを強調することで，新しい行動の選択肢への移行を

促すことができる。親・大人・子供モデルは，このアプローチがいかなる形で用いられ，有用なものとなりうるかを表す良き模範となっている。

ケイロフはまた，自殺願望が強い患者に，「**すべて**のあなたが自殺を望んでいるのですか？　もしもあなたのうちの誰かが，どんなにちっぽけなあなたでも構わないのですが，自殺を望んでいないのなら，そのあなたとお話することはできますか？」と質問したことによって生じた進展について，報告している。

本書のケイロフの論文は，彼は組織の病理と治療的介入の両方が，組織システム全体とその内部で作用している力についての理解の程度次第であることを示している。家族という理論的パラダイムを使用することで，ケイロフは組織内で作用する家族モデルの力学を変化させる介入を可能にした。

ザイトリンと尾川の章では，技術の変化がもたらすある特定の問題が，いかなる形で工場システム全体に影響を与え，そのシステムの重要な部分——すなわち現場レベル——への短期療法という介入が，システム全体の変革をもたらしたかを示している。

反対にストークスとボンドの論文では，意義のある変化を起こすために必要な目標として，洞察力をより重視している。組織の事例を用いて，ストークスは診断の重要性，そして組織内で作用する感情的要素を考慮に入れることの重要性について議論している。一方ボンドは，個人のキャリアがいかにして組織の力によって形成されるか，また，個人のキャリアがいかにして組織の諸力を形成するか，ということについての理解を深める議論を展開した。

要するにそれぞれのコンサルタントやセラピストが，自分のクライアントのシステムに対して異なるさまざまな目標を置いており，それに伴って彼らが行うそれぞれ異なる診断的介入あるいは変化を目的とした介入の種がまかれるというのは当然のことだと言える。私自身の経験では，重要なのはすべてのステージにおいて自分のクライアントが誰なのかを知り，(1)個人の役割パフォーマンスについてコーチングやカウンセリングを行う，(2)パフォーマンス改善のために集団とともに取り組む，(3)集団間の関係やパフォーマンス

を改善するために複数の集団とともに取り組む，(4)戦略やミッションに関わる課題について上級管理職層とともに取り組む，という複雑な役割シフトをしていくことである。

コンサルテーションやセラピーのプロセスにおける感情の役割

さまざまなケースの調査により，私たちの間にある最も大きな相違点の1つは，（知覚や思考に対するものとしての）感情を重視する程度にあることが明らかになった。ストークスが詳述した感情面に焦点を当てた心理療法のプロセスは感情の認識を含んでおり，さらに(1)感情はシステムの機能において主要な役割を果たし，(2)クライアントが感情を意識化するのを支援するのがセラピストの仕事であり，(3)過去および現在の状況に対する感情面の反応の適切さを評価することが重要であり，(4)抑圧された感情を解放することは治療上，価値のあることであり，(5)過去の出来事と感情との連想は，現在の連想に置き換えられなければならず，(6)いずれの場合においても，個人の感情に触れることで，重要かつ必要な「洞察」を生み出すことができる，ということを認めている。

感情を重視することと関連するのは，さまざまな形の不安感が，クライアントの機能に対して重要な役割を果たすという想定である。前の段落ではすべての感情の重要性について述べたが，実際にコンサルタントやセラピストにとって望ましいプロセス上の焦点となるのは，第一義的には多様な形態の不安感と，そうした不安感のマネジメントだといえるかもしれない。

ストークスは，共有された感情はあらゆる組織の重要な構成要素であり，共有された感情的な力を明らかにし意識化することができなければ，組織を悩ます数々の問題を解決することはできないということを，広義での精神分析的視点から説得的に論じている。

「組織の感情状態や風土は組織の成否を左右する重要な変数であり，これらに適応しまたこれらをマネジメントすることはすなわち，現代の組織にお

けるリーダーシップやマネジメントに直結する能力なのだ，ということである」（10 頁参照）。

　ストークスは短いケースを用いて，感情状態の認識がどのような形で，クライアントが問題への対処方法を定式化する上での支援が可能なのかを例証している。ここで欠けているのは，コンサルタントがクライアントの注意をどのようにしてクライアントの感情的問題に向けていくかという点である。**コンサルタントはどのような介入を行えば，感情的に何が起こっているか理解できるのだろうか？　またどのような介入が，クライアントがこのような現実に直面することへの支援となるのだろうか？**　セラピストやコンサルタントであれば誰でも，感情の重要性には同意するであろうが，上記の 2 つの問いに対する答えは，セラピストやコンサルタントによって大きく異なるであろう。

　私たちは組織というクライアントへの対処において，一般的な感情問題の重要性，とくに不安感の重要性に関連する問題を解決しなかった。個人を対象としたセラピーでは感情は中心的な問題となるが，集団を対象としたセラピーでさえも，感情が中心的な問題となるかどうかは，その集団が認知的問題を解決中のタスク・グループであるか，最初から感情的問題に対処しているサポート・グループであるかに依存している。

　たとえばシャインによれば，組織のクライアントは高度に分化しており，「治療される」ことに同意していないクライアント・システムのメンバーが，知らず知らずのうちに影響を受けるかもしれないような介入を行うことはできない。それゆえ，潜在的に影響を受ける可能性のあるクライアントたちから承認を受けずに，集団または組織レベルの感情を診断しようとすることは危険であり，専門家としての意識に欠ける。たとえば，ある上級役員自らの感情状態の理解を促進するためにその個人と協働することは有用であるが，そうした理解が組織内の当該部署に対して共有された感情状態として示された場合，その役員がそれが共有されているという前提で行動すれば，その役員は他のメンバーに負の影響を与える意思決定をしてしまうだろう。

無意識をどの程度まで
コンサルテーションやセラピーの焦点とすべきか？

　コンサルテーションおよびセラピーは，無意識のプロセスにどの程度まで介入するべきなのだろうか？　クライアント自身が無意識の要素（知覚，思考，想定，感情など）を発見するのを支援する場合，それにはどのような長所や短所，あるいは理論的正当性があるのだろうか？　洞察が目標なのだろうか？　洞察が行動の変化や精神的健康を生み出すという証拠はあるのだろうか？　コンサルタントやセラピストは，共有された無意識という観察された事実に，どのように対処すべきなのだろうか？

　私たちが考えるいわゆる「無意識」というものを，個人がもっていることに疑いをはさむ余地はほとんどないが，集団や組織にも無意識があるという概念には多くの疑問が生じる。もしそのような状態が存在するとしても，ビオン（W. R. Bion）が集団精神療法について述べたように，無意識を意識させることが有益であるかどうかは明らかではない。この問題は，集団の無意識がいかなるものであれ，それが抑圧されているのか，それともさまざまな社会的防衛機制（大きくて見逃せない）により単に無視されているのか，という想定を私たちがするかのどうかに依存している。

　共有された暗黙の想定は，前進を促すことが多い。なぜなら，そのような暗黙の想定は意識の外に置かれ続け，一方でその対応物である意識された想定は，生存のために必要な幻想として機能するからであろう。つまり「自分自身から何かを隠す」ことは，「お互いから何かを隠す」こととは同じではない，ということなのである。

　それゆえ介入に関する問題は，コンサルタントやセラピストが，無意識であると知覚されるものが，(1)問題の処理に利用でき，しかも(2)当該集団が心理的にそれを実行することができるかどうか，(3)自らの無意識を有する集団に対峙することがセラピー上，望ましいことか否か，であるということを信じているのかどうか，という点にあるのだ。精神分析の伝統では診断プロセ

スの一部として，組織に書面で問題点の精神動態的解釈を渡すことさえある。反対に，プロセス・コンサルテーションの原理においては，無意識の問題まで掘り下げて解明するかどうかは，クライアントだけが選択することができるものと考えるのである。

人間の精神という概念

　以下のうち，人間の精神を最も正確に表すのはどれであろうか。(a)エゴ，イド (id)・超自我 (superego)，(b)普遍的元型の周辺に形成され，発達に関してある程度関数化された複数の軸を持つ4つの次元からなる空間，(c)状況の要求としてアクセスすることができ，相互の伝達が可能でかつ「非自己」も含む，歴史的に経験された役割から形成されたさまざまな自己，(d)発達の過程にある連続的な文化的経験に基づく文化の層，(e)個人の状況変化に伴って変化する所与の「生活構造」における，緩やかに結合した力のシステム，(f)その他のモデル。

　さらに興味深いことは，そのモデルが集団や組織に応用できるかという疑問である。私たちは，個人，集団，組織に対してそれぞれ異なるシステム・モデルを用いる必要があるのだろうか。それとも，どのレベルにも適用できる包括的モデルがあるのだろうか？　この段階では推定があるレベルからより高次のレベルへと移行する場合には，注意が必要だと思われる。私たちはよく個人，集団，組織はそれぞれ，相互に依存しあった部分からなる1つのシステムであると述べてはいるが，緊密に結合している身体の臓器と，組織内において緩やかに結合しているさまざまな部門や集団との間には大きな違いがある。システム思考を取り入れることは有用であるが，システムの特性のうち何が「機能しているか」は，私たちがどのような組織に対処しているかによって大きく異なるのである。

結論

　著者一同はこの5年間，本書の出版のための研究会を通じて，個人や集団，組織を健全化し，その有効性を高めるよう支援するためにはらってきた努力が，実は複雑な仕事になってしまった，ということを理解するに至った。同じ目標に向かっているときでさえも，私たちのさまざまな理論，概念モデルや介入の施策は，大きく異なるものである。私たちは差異を解消し，物事を進めるための「正しい」方法を明らかにし，お互いのアプローチの欠点を明らかにし，私たち1人1人が知っていると感じている自分自身のアプローチの基本的な真実についてお互いに教え合おうとしてきた。

　私たちは成長し，視野を広げ，理論と実践に新しいアイディアを付け加えてきたが，最終的にさまざまな心理療法アプローチを1つの包括的モデルに統合することはできなかった。しかしながら一方で私たちに影響を及ぼしたクルト・レヴィン，フロイト，ユング，サリバンそして他の理論家たちの知見はすべて生き残り，さらに繁栄するかもしれない。

　最も重要なのは，組織セラピーのあり方や組織セラピーにより実現できることを完全に理解するためには，お互いのもつ理論や症例，介入を披露し合うことが生産的であるとともに啓発的であり，かつ必要である，ということなのである。

付録●インタビュー

ORGANIZATIONAL THERAPY
appendix

エドガー・H・シャインに聞く
キャリア・アンカーからプロセス・コンサルテーション、企業文化まで：
統一的・連続的な理解を助けるロングインタビュー

2012年4月19-20日
サンフランシスコ・パロアルトにて

インタビュアー：石川大雅・尾川丈一

　はじめに，本インタビューを始める契機となった，2011年の勉強会のことに触れておきたい。

　2011年6月13-14日にかけて，エドガー・シャイン先生をシアトルに迎えて，「プロセス・コンサルテーション」(以下，PC)に関する勉強会が行われた。

　講師は，『組織セラピー』の著者である，エドガー・シャイン，ディヴィッド・ケイロフ，ヒレル・ザイトリン，尾川丈一の各氏である。事例としては，モーハウス(ワークシェアリング)，Tクリニック(訪問診療)，JMTC(ニートへの支援)が報告され，討議された。

　その中で，以下の2点の疑義が，シャイン先生から提示された。

1. 日本人にはキャリア・アンカーが分かっていないのではないか？

　キャリア・カウンセラーA氏の質問(40歳代で，自分のキャリア・アンカーと合わない仕事に就けられて絶望しているクライアントの苦しみにどう共感していいのか分からない)に対して，シャイン先生は，終身雇用の日本においては，転職をして自分が何を本当にしたいのかを確かめる機会は少な

く，むしろ終身雇用の中で受忍を強いられることのほうが多いと思われる。そのため，キャリア・アンカーは，日本人から理解されることが難しいので，このカウンセラーはキャリア・アンカーを誤解して用いているのではないか？　この40歳代のクライアントは別のこと（たとえば依存していた大企業から突然解雇されて分離不安に怯えているとか，年俸が極端に下がったことが絶望に追い込んでいるとか）で悩んでいるのではないか？　という発言をされた。さらに，B氏の「意識的にはキャリア・アンカーのないニートにキャリア・アンカー・テストを用いて，仕事に就きたくないのはその仕事が無意識の元型（自己を映す鏡）としてのキャリア・アンカーと合っていないからだ，という使い方をしてもよいか？」という質問も加わり，総じて日本人は，キャリア・アンカーがよく分かっていないのではないはないか？　とシャイン先生は頭を抱えた。

2. 日本人には，PCも理解されていないのではないか？

事例として報告されたTクリニックでは，メディカル自身が患者宅まで訪問診療して，単なる医療的な診断と処方だけではなく，認知症の患者を取り巻く家族に対して家族療法を施し，心理教育とRC（リレーショナル・コーディネーション）を実施し，生活構造の改変と減薬のアプローチを行うことで慢性症状の改善を為している。いわば，急性症状に対する診断と処方，そして悪化すれば即入院・手術といった野戦（急性的な病気に対しては入院，手術などの処置はするが，慢性的，予防医学的な対応は欠く）病院的サービスではなく，医療を家族と患者の生活構造のプロセスとして捉え，それをプロセス志向心理学的に押さえることで家族と問題を共有し，さらにコ・メディカルや弁護士，ヘルパーなどと同じゴールを共有することで多職種協業を行っている。

この事例はいわば家族に対するOD（組織開発），慢性病に対するプロセス・コンサルテーションと言ってよいのではないか？　との問いかけに対し，シャイン先生は図1を示し，T医師が，訪問診療のメディカルにコンサルテー

ションをしているならよいが，自分自身が訪問診療を行い，PCとCEOを兼任しているのでは，プロセス・コンサルタントとは言えないと返答された。家族療法のプロセス（訪問診療）とプロセス・コンサルテーションのプロセスはまったく違うと言われた（なお，プロセス・コンサルテーションの「プロセス」の意味と家族療法の「プロセス」の意味の違いに関しては，本稿のQ17で詳述している）。するとC氏から，日本では内部プロセス・コンサルタントしかいないので，CEOと外部プロセス・コンサルタントが直談判することは難しいとのコメントが出るに至り，シャイン先生は，日本人にはPCも理解されていないのではないか？　との疑義をもたれたのだった。

　以上のような経緯から，勉強会は頓挫した形になってしまったのだが，その質疑応答中にあったD氏からの質問，カール・ロジャースのいう「受容と共感」と，シャイン先生のいう「Pure Humble Inquiry と Confrontational Interview」（Confrontational Interview については，誤解や対立があっても保身的にならず，それから学んでいく姿勢の意であるので，対決が必ずしも必要ではなく，直面化をさせて洞察を得ることも含まれる。そのため，本稿では精神分析学的に「直面化的姿勢」と訳し，対決的姿勢を括弧書きとした）とは，どのように違うのかという問いを受けて，この2つの考え方は大分違うのではないかという観点から，改めて石川と尾川が，これまでの私たちの理解と解釈のどの辺りに齟齬があるのかをはっきりさせるために，専門の同時通訳を入れて行ったのが後述のインタビュー記録である。

図1　プロセス・コンサルテーションの枠組み（(　)内は病院の例）

企業（病院・診療所）
CEO（医師）　⇔　プロセス・コンサルタント（病院外・医療保険外の医師）
従業員／顧客（患者・家族）　⇔　CEO（医師）

ここに先に，結果として分かったことを整理しておく：

(1) キャリア・アンカーとは，キャリア・サバイバルとセットになった，意識的な自身の「自己」であり，コーポレート・アンカー（企業文化の基本的想定）との労働市場でのマッチング機能であること。またキャリア・カウンセリングに用いる道具だけではないこと。

(2) (1)において各員が，成功人格の基となるキャリア・アンカーを獲得・形成して行くとき，その背後にある生活構造（トライ&エラーを模索した生活環境と個人史）や環境，すなわち家族やコーポレート・アンカーにもリフレッシュメント（すなわち(4)で述べる変化の過程）が，ほぼ同時に起こっていることが分かった。

またコミットメントは，情緒的なものだけではなく，上記の個人の変化と，環境の変化が輻輳的に起こったときに生まれる結果変数であることも分かった。

(3) 2つのセルフ・イメージについても記しておきたい。

先のB氏の発言には，以下のような前提がある。

日本のニートとアメリカのニートを比べると，日本のニートの方が，精神健康度が低い。「靴に足を合わせなければならない」日本で，合わせる先が見つからない（依存対象や共依存する居場所が見つからない）ニートと，選択肢がありすぎて，コミットメント先が見つからないアメリカのニートを，同一線上に扱うことには無理がある。

いずれにしても，日本のような「甘えの構造」のもとでは，「意識と無意識の相補性，すなわち，人間の心の全体性を強調し，人間の心全体，意識と無意識を含めた全体の中の心という意味で，自己（self）という用語を用いる。このような用語法は心理学全体の中で極めて特殊なものである」（河合隼雄著『心理学4・人格』有斐閣双書，1975）が，日本のような同質的文化では，このほうが東洋的で理解しやすい。

換言すれば，異質的文化である西洋流の自我（The I）が環境との相互作用の中で自己責任において他我（The Me）を形成していくという自我体験

の二重性よりも，Ego（自我：自分が考える自分）の奥深くに（普遍的無意識の中心に）Self（自己：全体と通じている中心）があり，自己の招きに応じて受忍的に自我を変容させていくといった，神道的（ユング的な，あるいは牧会カウンセリング的な）自我体験の一重性のほうが，日本人には理解しやすい。

　従って，どうしても，キャリア・アンカーを元型（アーキタイプ：自己を映す鏡）として捉えがちになり，その前提で質問してしまいやすい。

　次に，A氏の質問に登場した40歳代のクライアントが，ジェームズ・アベグレンのいうような三種の神器（終身雇用，年功序列，企業内組合）に日本の従業員が依存しているとすれば，キャリア・アンカーに向かない仕事をしなければならないから自殺したくなったのではなくて，先に述べたような，依存対象を対象喪失したから，あるいは年功序列型賃金体系を失ったから，自殺したくなったという解釈もありうる。

　いずれにしても，アービン・ゴフマンが指摘するように，人間は生得的な自我アイデンティティを，社会的スティグマを通じて，個人的アイデンティティや社会的アイデンティティに変容せざるを得ない。従って，シャイン先生の解釈を理解するためには，性格の自我・自己概念を「一重性」ではなく，西洋での伝統的な「二重性」によって理解する必要性があると思われる。

　そこで，日本のような同質的文化の中でも，異質的文化に見られるような，個人的な，あるいは社会的な自我はあるのか；キャリア・アンカーは，複数あるのか；同質的文化の中での教化では，キャリア・アンカーに多様性のないことが予測されるが，それでも日本の企業が生き残るためには，1つのキャリア・アンカーの中に，その他のキャリア・アンカーが束になって入っているのか；以下では，このようなヒューリスティックモデルを尋ねる質問も行っている。

　(4)　PCとは，上記の図1に示したようなことであり，ここにおいて，CEOとプロセス・コンサルタントの間に，「Pure Humble Inquiryと直面化的姿勢（対決的姿勢）」が行われると，下位システム（従業員／顧客）にお

いて，最初は下位システムが上位システムに依存していたのが，自分たちが問題だと思っていたことと本当の問題は違うということへの気づきや，試行錯誤の過程で課題が明確になるといった変化が起こり，自発的なコミットメントの惹起により自立（固体化の原理：社会－技術システム論）が起きてくること。

　またこうした変化は，自ら行われるものであり，プロセス・コンサルタントは，アウトリーチから側面的支援（全面的支援：Helping から Enabling へ）を行う立場に留まること。当該企業のグループの中で決定される変化の内容は，クライアントが自発的に選択するものであって，通常の OD で言われるような HR の分野とは限らない（たとえば，それが会計であれば，戦略的会計システムの導入へ；それが HR であれば，OD へ；それがマーケティングであれば，ダイレクト・マーケティングから CSR へ；……）ものであること。

　上記の結果を踏まえて，1 つには，企業文化や PC に関して，2011 年 6 月 13-14 日の成果物に加えて，2012 年の 6 月 30 日，7 月 1 日，11 月 9-10 日，2013 年 11 月 2 日と研究会が継続的に開催され，現在 5 本のビデオと『プロセス・コンサルテーションの実際』（白桃書房近刊）の製作が進められ，またもう一方で，キャリア・ダイナミクスに関しては，2013 年 9 月 14 日，2014 年 2 月 9 日，3 月 9 日，4 月 6 日，5 月 11 日と，キャリア・ダイナミクス（キャリア・アンカーの獲得過程）の研究会が継続的に催されて，その成果物として『キャリア開発のためのプロセス・コンサルテーション（仮題）』（白桃書房近刊）の製作が進められている。

　なお，ロジャースとシャイン先生の理論のどこが同じでどこが違うかなどについては，2013 年 11 月 2 日の鼎談に収録され，上記の『プロセス・コンサルテーションの実際』の最初の章に収録される予定である。

　さて，それでは，本題に入ろう。

インタビュー：エドガー・シャインに聞く

■キャリア・アンカーへの質問

Q1 非組織的キャリア・アンカーがあってもよいのでは？

石川………… 日本のような同質的文化圏においては，戦前・戦中の満州や13～16世紀の倭寇といった少数の例外はあっても，植民地に飛び出していくような人間は少数でした。しかし，英語圏，仏語圏といった旧植民地を有する異質的な文化圏の国々においては，非社会的な生活を求めて，外地に一旗あげていく人物も多いと考えられます。

『キャリア・アンカー』では，組織の中における洗脳は，何年か経っても残滓として残り，個人を映し出す鏡であるとし，また，洗脳においては，洗脳されても拒否してもストレスがかかるのは同じであるとしています。

そうであれば，祖国の文化圏を飛び出して，洗脳されることを拒否した非社会化の過程もひとつの「ノン・キャリア・アンカー」と言えるのではないでしょうか？　なぜこうした非組織人が研究対象に入っていないのですか？

シャイン…… キャリア・アンカーのコンセプトというのは，プロフェッショナルあるいは個人的な経験の結果であるというふうに考えています。ですから，ある個人の非組織的な経験であるとか，あるいは組織によってかなりの洗脳の経験があったといった場合，それがキャリア・アンカーに影響を与えるというように思います。その最適な例というのは，自立的な，独立したキャリア・アンカーということです。ですから，自立志向型の人というのは非組織的キャリア・アンカーということになります。ですから，そういった人というのは組織以外のところでキャリアを追求します。

石川………… そうすると，非組織的な，組織に合わないような人たちとか，場合によっては組織から洗脳されたわけでも学習したわけでもない独立的な人

たち，そういう傾向性のある人たちというのは，自立型とか独立型といったキャリア・アンカー志向性が高いというふうに受け止めてよろしいわけですね？

シャイン……　そのとおりです。

尾川………　たぶん石川さんの質問の意図は，キャリア・アンカーのデータがMITのMBAの修了生を中心にとられているので，そのデータから外れた自立的な人（autonomy）や，非社会的な人には適用できないのではないか，ということを伺いたいのではないでしょうか。

石川………　そう，そういう人たちにも適用できるのかということです。

シャイン……　データベースについては，MITのところから始めたのは事実ですが，それだけではなくどんどんデータベースを広げていっています。ですから，その中には，銀行に勤めている方とか先生とかいろんな職業の人が含まれております。そして，すべての職業に関して言えることなのですけれども，組織の中でやっていきたい者と，外でやっていきたい者とが必ずいるわけです。医師の例でみてみますと，大きな組織とか非常に大きな病院で働くのを好む人，あるいは自分で医師としてやっていこうと思う人がいます。つまり，自営業といったものというのは自立的なアンカーであって，そうではない，もっと大きな組織でやりたいというのは，もっと経営的なところとか技術的なところとか，何か安心・安全を得たいとか，そういう形で，望むものが違うのだというふうに思います。

> **まとめ：**
> 　自立的なキャリア・アンカーは，日本の公務員や終身雇用の中の消極的な人生行路の中で引き算として生じるものではありません。自立的・自発的に形成していくもので，日本でもたとえて言えば，起業家・グローバル化を図られなければならない企業・政治家などに顕著にみられる，そういうものであることが分かりました。

Q2 キャリア・アンカーが1つであるという根拠

石川………心理的社会契約，リアリティショックを経て，さらにメンターシップを通して，組織からの洗脳が始まると思われます。そして，このトライ・アンド・エラーの中で，徐々にキャリア・アンカーの形成と取り入れが始まっていくと考えられます。

　少なくとも管理職を経験し，結婚もして，育児もし，公私ともにある程度の社会的責任を経験しなければ，結果としてキャリア・アンカーを得ていくことは難しく，逆に言えば，社会人として個を確立することがない場合は，キャリア・アンカーをもてない人もいようし，残念ながら成功しなかったり，機会に恵まれなかった場合は，キャリア・アンカーが傷ついていたり，分裂していることもありうると思われるのですが，どうしてみんな1つはもっていると断言できるのか，その根拠をお伺いします。

シャイン……アンカーというのは，自分にとっての，完全なる自分のイメージというものだと思うのですね。誰しも何かの組織あるいは個人で何か仕事をしている。キャリアというのは仕事のコンセプトの中の一部であって，ですからすべての人は何らかの形でキャリアに携わっているというふうに言えるかと思います。

　セルフ・イメージというのは，仕事からのフィードバック，家族からのフィードバック，あるいは個々の学習からのフィードバックによって作られるものであって，30とか35歳頃になると，こういったいろんなものが一緒になって，1つのイメージが作り上げられる。私が1つと言うのは，その1つというところが最も自分自身にとって重要な部分であるからです。

石川………その1つと言っているところを，もう少し先生にお話いただくと。

シャイン……仕事に就いて，最終的にいろいろなことを自分で発見していくと思うのですが，たとえば，テクニカル・ファンクショナル・アンカーというところ。私が心理学をやりたいと思い，それを会社に言ったとしても，会社は「じゃあマーケティングをやってみないか？」と言ってマーケティングの

仕事に就かせる。それでやってみたけれども，どうしてもそれは気に入らない。それは私じゃない。やっぱりサイコロジーの心理学に戻りたいと言う。そうしたら,今度は会社のほうでは「とりあえず今度は財務をやってほしい」と言ってきた。そして財務に行って，財務の勉強をする。それでも，やっぱりそれは気に入らない。私じゃない。心理学のサイコロジーに戻してくれとお願いして，最終的に戻してもらう。大体20代後半とか30代とか，ある程度の時間がかかって，最終的に心理学のところに落ち着く。ですから，自分が本当にやりたいことはマーケティングでもないし，会社の社長になりたいことでもないし，私が本当にやりたいのは心理学だということ。それをしっかりと，本当に自覚しているということ。それがアンカーということにつながっていくのだと思います。

　ですから，たとえば，石川さんのクライアントさんが，石川さんに「コンサルタントを辞めて，私の会社のある部門の長になってくれないか？」と言ったときに，石川さんは，一体私のアンカーは何なのか？　私は自立的なアンカーでやっていきたいのか？　それとも，部門の長になることによって，そうではないアンカーになりたいのか？　ということを見極めるのだと思います。

石川………… 私の経験でも，コンサルタントになってからヘッドハンティングされて，大きな会社のバイスプレジデントになってほしいというのがありましたが，そのときは大きく揺れました。なぜかと言ったら，大きな組織の中での安定したポジションというのは魅力があったからです。しかし最終的には，私はコンサルタントを選びました。

シャイン…… それが石川さんのキャリア・アンカーです。

尾川………… ちょっとＱ１に戻って，質問があるのですけれども。先生は，キャリア・アンカーの対象に，たとえばマフィアとか犯罪組織に所属しているような人たちを，ターゲットに入れておられるか，おられないかというのをお聞きしたいのですけれども。

シャイン…… もちろんマフィアとか犯罪組織でも，そういうことは言えます。

ある者はボスになりたい。要は，マネージリアル・キャリア・アンカーでありたいと。あるいは，別の者は単独で殺人を行う殺し屋になりたい。そうすると，そこでは自立的なアンカーということで，お金をもらって人を殺しに行く。それからテクノクラートという形で組織のお金の運用を任されたい。そうすると，テクニカル・ファンクションといった機能を果たしたい。あるいは集団の中にいるという安心・安全を得たいというセキュリティ・キャリア・アンカーということで，集団の中では個々の経験に基づきさまざまなアンカーがいると思います。

石川………… 日本でキャリア・アンカーをテストする場合に，キャリア・アンカーのテストの内容に自分を合わせていくっていうことが見受けられますが，それに対して先生のご見解はいかがでしょう？

尾川………… つまり，自分の心の中の自分は，どういうふうなタイプなのかを知ることに日本では傾きがちです。しかしながら本来は，自分の経験を通じて，社会とどうマッチングしていくのかというようなことを測っているテストなんじゃないかと思うのですけれども。

シャイン…… キャリア・アンカーのアイデアですけれども，それは基本的な価値，人生においてどういった価値により重きを置くか。たとえば，質問の中で，私はAよりもBを好むとか，CというキャリアよりもDというキャリアを好むという，そういう形で質問がされています。ですからここで，最終的な答えとして，自分が最も価値を置くのが，自立性だったり，あるいは安心・安全だったり，あるいはマネージリアルの管理するところだったり，ということになります。こういった分類ですけれども，この分類が，別の文化，たとえば日本の文化において，意味があるかないかということについては，私はわからなくて，それは日本の方が判断すればいいわけです。ただ終身雇用ではない，アメリカのような文化ではこのような分類というのは意味があります。

尾川………… たぶん，そうしますと，価値ということですから，自我でもなくて，無意識でもなくて，超自我の機能だと考えてよろしいでしょうか。

エドガー・H・シャインに聞く

シャイン……いいえ、キャリア・アンカーは自我、エゴの機能です。キャリア・アンカーは、無意識によるものではなく、超自我によるものでもなく、自我による自己のイメージです。

石川………このセルフ・イメージというのは、アーキタイプじゃないってことでいいですか。

シャイン……そうですね。ただ、ある人が仕事に就いているからといって、本人のキャリア・アンカーがその仕事とは必ずしもマッチしないかもしれない。ですから、非常に自立的なアンカーの人であっても、他に選択肢がないから、ある会社にどうしても勤めなきゃいけないという状況があると。そうすると、マッチしないと。ですから、ある仕事に就いているからといって、その人のキャリア・アンカーがそれであるというふうに決めつける、あるいはそういうふうに想定するというのは間違いです。

石川………たしかにそうですね。

> **まとめ：**
> キャリア・アンカーには、P機能（テクニカル・ファンクショナル・キャリア・アンカー）と、M機能（マネージリアル・キャリア・アンカー）が、混在していることが分かりました。これを明確に認識し区別していなかったため、『キャリア・サバイバル』を読んでいるときに、どちらの点を強調しているのかが不明瞭で、理解しにくかったことも分かりました。

Q3　束としてのキャリア・アンカー

石川………いろんな人から、こういう職種が合っているのではないか、とサジェスチョンを受けるということがあると思うのですが、そういうことが自分の中のセルフ・イメージとして出来上がってきた場合、どうしてもそれがキャリア・アンカーにシフトしていくっていうことがあるのではないか、ということに関する質問です。

創業後30年もすれば，どんな大企業でも組織に問題が生じ，新卒採用の従業員だけでは解決ができかねるような状態が多かれ少なかれ現れ始めます。このような場合に，大抵はプロセス・コンサルタントが呼ばれ，こうした中で多くの中間管理職が「本当に俺はこの会社，職務でよいのだろうか」と，疑問をもち始めます。

　このような状況で，一部のパワーエリートたちが「一皮むけた経験（quantum leap experience）」をし，自分たちでこの難関を乗り越えていく経験をしたとします。つまり，キャリア・アンカーをしっかりと内在化してもらわないと個も確立しないし，企業も成熟しないと思われるので，この経験はとても大切なものとなるでしょう。

　このような際に，自分で乗り越えていくという人（Aと思っていて，やはりAだった）だけではなく，プロセス・コンサルタントから指摘されてキャリア・アンカーを再発見する（Aと思っていたが，実はBだった）という人もいると思われますが，いかがでしょう？

シャイン……キャリア・アンカーというのは，バリュー（価値），動機（モーティブ），それから能力（コンピタンシー）という3つの組み合わせです。企業を上手く発展させていくためには，将来にとって，必要なコンピタンシーをもっている人が必要になってくるわけなのですけれども，そのコンピタンシーというのは，キャリア・アンカーにマッチするかもしれないし，しないかもしれない。この質問は，コンピタンシーに関する質問であって，キャリア・アンカーへの質問ではありません。そして，キャリア開発のシステムの中で，若い人たちにいろいろな仕事をさせて，どれが若い人のコンピタンシーを発揮させるのかということを特定する機会が与えられなければいけないというふうに思っています。よく企業で間違いを起こすのは，過渡期にある企業において，非常に優れたエンジニアがいたとして，その人のアンカーはテクニカル・ファンクションであるにもかかわらず，非常に優れている人材だということで，部門の長に仕立て上げられる。そうするとその人には，実際にはマネジャーの能力はないので，惨憺たる結果になってしまう。

石川………　そういうことが，日本で起こっているのですね。
シャイン……　世界中どこでも，こういうことは起こっています。それは営業担当の人，経理の人，そういう人が必ずしもマネジャーとしての機能を果たせるわけではないからです。ですからもっと早期の段階で，エンジニアの人に本当に経営する，マネージする能力があるかというのを見極める必要があるかと思います。

　プロセス・コンサルタントが企業に対して提案することとして，若いエンジニアとか若い人たちを対象に，自分たちの仕事プラス，ストレッチアサインメントと言っているのですけれども，プラスアルファで何か仕事を与える。そのプラスアルファの仕事というのは，何らかのマネジメントのスキルが必要なものであって，その仕事をさせることによって，誰がそういう能力をもっている，あるいはそういうことをやりたいと思っているのか，ということがわかることがあります。そして，そういう経営の能力をもっている人を昇格させなさいということを提案しています。

石川………　よくわかりました。
尾川………　そうしますと先生は，キャリア・アンカーも，昇進も含めて，人事設計の中に取り入れたほうがいいと思われているのでしょうか。
シャイン……　いいえ。キャリア・アンカーが何かということを特定するために，いろんな仕事に就かせて，いろんな経験をさせて，そうすることによって，20代後半だとか30代のはじめになったら，これが私の仕事なのだ，これが私なのだというふうなことがわかるようにすると。ですから，あくまでもキャリア開発のツールであって，キャリア選択のツールではない。
尾川………　私が訊き間違えました。選択ではなくて，人材養成と言いますか，人事教育のときに使ったほうがいいという質問だったのですが。
シャイン……　そうですね。そして，これは大人のためのコンセプトであって，若い人たちのものではないので。もっと若い，大人じゃない人たちには，まだアンカー自体がない。
石川………　それでは，ストレッチアサインメントをするのは上司がいいのか，

どうしても日本では人事担当者が考え始めたり，あるいは企業の中でキャリア開発を援助するような人たちが関わったりする。シャイン先生は，直属の上司と部下との関係でストレッチアサインメントをやったほうがいいというお考えでしょうか。

シャイン……直属の上司と，それからキャリア開発をしているような組織と一緒になって，どういうストレッチアサイメントがいいかということを判断したらいいかと思います。

> **まとめ：**
> キャリア・アンカーは元型（アーキタイプ：自己を映す鏡），と日本人は捉えていたため誤解が起きているようです。また，シャイン先生は，キャリア・アンカーは人事教育のツールということも強調されておりません。ここが，間違っていたのだと思います。勘違いが起きていたといえるでしょう。
> さらに，アメリカは本人自身で職が選べるということでキャリア・アンカーはマッチング機能として働き，それに対して，日本では社会化機能として働かせるべきものということが明確になりました。

Q4 保障型キャリア・アンカーの取り扱い

石川…………PCの理論では，対等な援助関係でなければ，クライアントは共依存や投影を行い，本当のことを隠蔽してしまうとされています。そうすると，下位組織の中で保障型キャリア・アンカー，あるいは保障型キャリア・アンカーのふりをしている（体制内左翼）場合，組織に共依存している可能性もあると思われます。こうした場合，質問紙で保障型キャリア・アンカー型という結果が出たからといって，その人を本当にその型だといえるでしょうか。正直に答えていると考えられますか。

シャイン……そういうコンセプトというのは，私にとって実質的には何の意味ももたらさないのですけれども，ただ，主に自分のキャリアの保全を願う人

っていうのは，非常に政治的な人間ではあるでしょう。だからと言って，その人の行動や挙動というのが，アンカーというのと必ずしも，直接つながるというわけではありません。

　ですから，答えとしては，上司は分からないわけですよね。というのは，そういう人は上司が聞きたいと思うことを言う。ですから，上司がいないところでは，別の価値観をもっているかもしれない。自分の価値観を隠すわけなので，確かに自分が思っている真実を隠すだろうし，または自分の動機などについて，正直に言わないであろうし。なので，企業としては，早期の段階でそういう人を特定してメインストリームから排除します。なぜかと言うと，そういう人は信頼できないからです。

尾川………　アメリカの場合，体制内左翼は直ちにレイオフ，というのはお国柄の違いを感じました。

Q5　キャリア・アンカーとキャリア・サバイバルの統合

石川………　キャリア・アンカーには，自己啓発・自己診断としてのマーキング機能と，労働市場とのマッチング機能，すなわち社会的要請（キャリア・サバイバル）があると思われます。

　こうした2つの概念を統合して，社会化を図る（キャリア・アンカーの内在化と外在化をする）と思われますが，その際，どちらを主に統合していると思われますか。心理学的要素（インサイド→アウトサイド）と社会学的要素（アウトサイド→インサイド）のどちらが，主要なドライブなのでしょうか。

シャイン……　これは文化的な質問かな？　というふうに思います。集団型の文化，ラテン系の文化だとか，アジアもそうだと思うのですけれども，そういったところでは，個人の発達・発展というものよりも，社会の要請というのがまずくる。そうすると，おそらく日本の若い人たちなどでは，それ以外は選択肢がなくて，「こうしなきゃいけない」「こうでなければいけない」というようなことがある場合には，インテグレーション（統合）のところでは，「そ

うしなきゃいけないのだったら，上手くできるようになろうよ」ということが起こると思うのですね。一方で，西洋に関しては，ソーシャル・モビリティやレーバーモビリティ（労働市場における流動性）が高いということで，まず個人の理想（やりたいこと）というのをどんどんどんどん発達させていって，自分に合った会社，自分に合ったキャリアというのを選ぶ。だけれども，実はこういうことはそうではない文化，ラテンとかアジアにもあるのかもしれないのですね。そうすると，社会が制約をかけていく中で，特定のアンカーしか，もしかしたら実現可能ではないかもしれないという状況が発生する。そうしたときには，自分のアンカーではない職に就いてしまう。そうなると，ミスマッチが起きるわけです。そうすると，仕事の中では，上手く自分を表現できないような状況があるので，そうじゃないところ，たとえば趣味であったり，あるいは家庭であったり，他の活動に，自己表現をする場というか，自分が活動できる場を求めていくのではないかと思います。

ロバート・タトキン………… キャリア・アンカーは，自分探しのための指標というよりは，社会化の過程のメルクマールのようですね。しかしながら，社会性といってもいろいろあるから社会性なわけで，シャイン先生のお答えはなかなかしゃれていますね。労働の自由裁量やワークシェアリングの中で，社会性は，本業の中で発揮されてもいいし，副業の中で発露されてもいいわけでしょう。だとすれば，心理的観点からは，もしかしたらキャリア・アンカーを，個人を映す鏡として大事に用いる人もいれば，参考程度の指標ととらえてもいいのかもしれませんね。別の言い方をすれば，キャリア・アンカーの活用とは，従来の組織の中で出世するワンパターンから卒業して，いろいろな人が，いろいろな形で組織に関われる，柔軟な組織を意味しているのかもしれません。いずれにしても組織との関わりなしに何か言えるものではなく，またキャリア・アンカーは，情熱をもって働かない人への個人的な免罪符でもないことは，キャリア・カウンセラーの人たちに是非分かってほしいといった感じでしょうか。

シャイン…… 以前は，確かにエンジニアとしてやっていくためには，マネジメ

ント（管理職）にならないと、キャリアを最後まで追求することができないというようなことがあって。そういった中で、マネジメント（管理職）に就かなきゃいけないという状況があったわけなのですけれども、最近の優良な企業というのはその辺に気がつき始めていて、優れたエンジニアとか、優れた営業担当者というように、そのまま職種を続けることができるようにし、並行してパラレルのキャリア・パスをもつようにしています。ですから、シニアなエンジニアとして非常に有能な人材であれば、別にマネジメントという肩書きをもたせることなく、副社長と同様の給与を支払ってというような、こういうパラレルなキャリア・パスというものも、近頃は見られるようになっています。

■ **キャリア・アンカーの整理：**

ここで、これまでのキャリア・アンカーに関する質問とその答えを、一旦整理しておこう。

1. 質問と答え

Q1に関しては（植民地をもてなかった日本人が、自国の文化圏外のことに質問すること自体が滑稽かもしれないが）、自国の文化圏以外にキャリア・アンカーを求めることは、単に自立的なアンカーに過ぎないとのことであった。

Q2に関しては（キャリア・アンカーは、2つ以上あるのか）、キャリア・アンカーには、同質的な文化では理解しやすいM機能（生得的地位：ascribed status）もあるが、P機能（達成的地位：achieved status）もあるということであった。

Q3（束になっているキャリア・アンカー）に関しては、経営計画に一貫性がなく、そのときどきの経営状態に左右されて、右顧左眄的な採用計画しかもてないような人的資源管理では、キャリア・アンカーは健全に育たないもので、『キャリア・サバイバル』でいうような戦略的組織的人的資源管理

による，長期的な視点にたった人事教育（キャリア開発）が必要とのことであった。

Q4の保障型キャリア・アンカーについては，公務員の上級職が，政権が交代することによって交換されるアメリカに，保障型のキャリア・アンカーの弊害（体制内左翼）を尋ねること自体が見当違いかもしれないが，Q4によれば，そうした体制内左翼は，レイオフとのことであった。

Q5において，キャリア・アンカーとコーポレート・アンカーは，労働市場でマッチングすべきものとのことだった。

2. 結　論

Q1からQ5を総合的に考えてみると，先に述べた東洋的（ユング的）な，Ego（自我）とSelf（自己）といった性格一元論では理解できない。

そこで，W・ジェームスの，あるいはG・H・ミードのいうような，The I（主我：第一次的自我）とThe Me（他我：第二次的自我）といった西洋的なパラダイム（性格二元論）をもち込み，主我を確立したのちに，他者（career survival）を通じて，他我（セルフ）を自分の責任と説明責任において，決定していくのがキャリア・アンカーの獲得過程と考えれば，自立型キャリア・アンカーの意味も，キャリア・アンカーが1つである意味も，潜在可能性も理解できる。

もちろん，こういうことが言えるのは，ソーシャルモビリティ（レーバーモビリティ）の高い，アメリカ社会であるからかもしれないが。

別の説明でいえば，スティーヴン・コヴィーの『七つの習慣』でいう，1章から3章（インサイド→アウトサイド）といった個人的な自我の形成後，4章から6章（アウトサイド→インサイド）といった他者（キャリア・サバイバル）をへて，キャリア・アンカー（他我）を形成し，7章でいうような，この2つの統合をしていくということになろうか。

Q5で尋ねた，キャリア・アンカーの労働市場での，コーポレート・アンカーとのマッチング機能というのも肯ける。

つまり，キャリア・アンカーとは，性格論でいう属性理論や特性理論ではなく，オルポートやアイゼンクに依拠する，性格二元論（自己像の成長過程には，他者との内部的で情意的な結合ともいえる対人関係が必要）でいうThe Me の確立（The I〔自己を映す鏡〕でない）のことのようだ。

　なお，日本の和製英語で，ミーイズムというと（The I による）利己主義のように聞こえるが，これはアイイズムとでもいえようか。そういう意味では，ミーイズムというからには，他己主義（夏目漱石のいう"個人主義"）ということになろうか。

3. Process Consultation for Career Development についての紹介

　ここで述べた知見に従って，以下のようなテーマと日程で，2014 年には，
- The I の形成過程（2 月 9 日）
- 他者との内部的で情意的な結合ともいえる対人関係（3 月 9 日）
- The Me の獲得過程（4 月 6 日）
- The I と The Me の統合（5 月 11 日）

というように，これからもシャイン先生との会話を続けていきたいと考えている。

　今日的な意味で関心の高い，グローバリゼーションと公共倫理（絆の復権）といった準拠枠において，個人的な自己の確立の問題（精神分析で主に取り扱われる直面化の問題）よりは，ヤスパースのいうところの The I と The Me の境界性の混乱といった問題（マックスエル・ジョーンズの治療共同体で取り扱われる社会化の過程の問題）のほうが，とくにカウンセリングの場においては現実的な問題になってきていると思われる。

　ここから質問の続きに戻ろう。以下では主に PC や企業文化について伺う。

■プロセス・コンサルテーション，企業文化他への質問

Q6 共依存の洗脳

石川………PCは，クライアントの背後の生活構造まで考慮することでありつつも，一方で，PCはときにPCを越えて，シャイン先生の言われるエキスパート・コンサルタント，すなわち，技術型や医学型（PCには，技術型・医療型・PC型がある：『プロセス・コンサルテーション』白桃書房，2002参照）でもクライエントの要請においては十分に応えていくといえる，柔軟なものであるとの答えもいただいています。

そうであるならば，共依存や投影における洗脳にも効果のある場合もありませんか？ イスラムのような生活構造（上から目線）の中にもPCはないのでしょうか？ タテ社会の中では，劣位の者は，いつも優位の者に対して矛盾を隠蔽しているといわれますが，だからといって，それを対等な関係にすべきだと言ってもよいものなのでしょうか？

シャイン……社会あるいは集団といったものの性質上，こういったことは話していい，こういったことは隠すことだ，ということもあると思うのですね。こういったことをもし言ってしまったら，相手を怒らせてしまうとか，相手を大変心配させてしまうということで，言わないことというのはあると思います。ですから，どんな文化でも，プライベートな部分と，パブリックな部分というのはあると思います。プロセス・コンサルタントというのは，そういうプライベートなエリア，文化のところを尊重して一緒にやっていかなくてはいけないのだと思います。ですから，できる範囲のところでプロセス・コンサルタントをやるということだと思います。いろいろと難しいケースもあります。たとえば，先般の福島の事故（東京電力の福島第一原子力発電所の事故）というのを考えてみますと，あのときに，ある社員が上司に対して，「これは直すべきだ」というふうに言えただろうか。言ったのだろうか。言えなかったのだろうか。柔軟性のある会社だったらどうだろうか。

ただ日本の会社の中で，部下が「これをしなかったら大変なことになるから，やらなきゃいけない」と，それを上司に言えるような状況というのがあるのでしょうか。その辺を教えていただきたいのですけれども。

石川………… 福島第一原子力発電所の事故の場合については，大きな津波の歴史的な経験はあるので，改善しなければならないっていう部下の方からの報告があったのですね。で，経営者層が経営的な投資とのバランスで拒否したというふうには聞いています。もしも，もしも，もしもということに対して，投資を決断するのは難しかったという弁解をしています。

シャイン…… ただ，防波堤をつくるほうが今やらなきゃいけない復興作業に比べますと，よほどコストは低くすむわけですよね。

プロセス・コンサルタントの仕事というのは，マネジャーに対して，それを大変慎重に検討すべきであると促すことだと思うのですけれども。長期のコストと，短期のコストを考えて，短期的なコストというのは長期的に見れば，かなり小さいのだということを理解させなくてはいけなかったのだと思います。ですから，あの場合ですと，車をつくっているのではなく，原子力を扱っていたわけなのだから，その結果起きる事故というのは非常に惨憺たるものになるということは明らかだったわけなので。ですから，ある意味でプロセス・コンサルタントも，あの場合には失敗に終わった，上手くいかなかった。ということは，それをしないことによるリスクというのはあまりにも甚大です。

まとめ：
　異文化間心理学的な見地（アメリカは個人主義，日本は集団主義）によりかかってしまうと，リエンジニアリングの弊害の隠れ蓑になってしまう場合もあるようです。TEPCOの場合もそうですが，コストカットのやりすぎが，気をつけないといつのまにか，やりすぎを指摘できない風土を生んでしまう場合もあるからです。

Q7 主観

石川………… PCは，技術ではなく態度であり，役割であるとのことです。ということは，インフォーマルコミュニケーションであるのでしょう。しかし，『プロセス・コンサルテーション』の第1版では，介入のことが細かく書かれています。介入を考える際，あるいは企業文化を考える際に，とくに世代承継において気をつけなければならない点をお伺いします。

　私の扱ったケースなのですが，現在は母親が経営者で，次の社長は息子だと宣言したケースです。息子に社長を譲ると宣言してしまったものの，息子さんは協力会社からも，能力がないと批判されていた。それを懸念してビジネスオーナーのお母さんは何とかならないだろうかと，自分で問題を抱えてしまっていたのですね。息子さんのほうは，お母さんが抱えているような問題意識はまったくもっていなかった。私は，お母さんに対して，息子さんが私と会ってもいいと言うならば，非公式な形でお会いしましょう，と。ただし私から，アドバイスその他専門的なコンサルテーションを行うことはないですよ，というふうに私の役割を定めてから息子さんにお会いしました。お母さんが，息子さんに対して，「あなたは能力がないのだと周りに言われているよ」ということを正直に話したのですね。その息子さんが，能力がないっていうふうに言われているのは，文化の中心度から外れているというようなことで。つまり，途中から息子さんが経営に参加してきたために，その彼のやる施策の多くが，会社の組織文化の中心度から外れているというのが，多くの方々のクレームの原因だったのですね。

　ここからが質問なのですが，企業組織文化の中心度から近い，遠いというのは，PCに対してどのような影響をもつというふうに先生は考えておられますか。

シャイン…… このケースは，必ずしも，PCとはコネクトしていないと思います。ただ，キャリア開発という意味では，コーン・モデルは有益なモデルではないかなというように思います。上に上がるというのは昇進をしていくという

こと。そして，中心に近づけば近づくほど組織文化の中枢に近づいていくということだと思うので。その息子さんというのは，端っこにいると。その端にいる息子さんを，中心に近づけることができるかどうかということですよね。できるのでしょうか。

　私自身は，こういったコーン・モデルを，キャリアのために描きました。キャリアというのは，上に行くこともできますし，横にでも行けますので。

石川………　私の場合は，その息子さんに対して，この仕事は私には不適切なので，その企業の企業文化の中心度に合わせるのは，お母さんが自ら時間をかけてやったほうが上手くいくのではないだろうか，という程度の役割をさせていただきました。

シャイン……　それでいいと思います。

Q8 企業文化

石川………　企業文化を考える場合，PC は参与観察者とされているように思います。ということは，文化人類学的手法（文化相対主義）をとっていると思われます。

　文化人類学であれば，2つの文化の間で共通であり，理解しあえるような外的なところ，国際的なところ，異文化的なところ，汎文化的なところ（etic：エティック）と，2つの文化の間で内的であって，個別文化的であって，わかりあえないところ，ドメスティックなところ（emic：イーミック）を区別します。

　言い方を換えれば，etic は，2つの文化のはざまで，互いに共感，共苦しあえる部分。emic は，2つの文化の間で，どうしても相容れない反感の部分です。そして，etic な部分を中心に進めたほうが，emic な部分でぶつかりあうよりも，2つの文化は理解し合い，融和されやすいといわれています。

　したがって，2つの文化を統合する場合，etic な部分を中心に考えたほうがよいわけですが，しかしながら，企業を，社会的防衛機制を働かせるものと捉え，感情集合体と考えるならば，合併の場合，etic な部分からはもともと

問題が生じることはあまりなく，emic な反感の大部分をどう取り扱うかが重要であり，それがまた逆にパワーの本源となるのではないのでしょうか？
シャイン……この質問には，たくさんの質問があります。まず，プロセス・コンサルタントは文化的に中立でなければならないというふうに思っています。それはクライアントが何を求めているかということをもとに，プロセス・コンサルタントは仕事を進めていかなくてはいけないと思うからです。大企業2社が統合するというような場合に，コンサルタントとして，問いかけなくてはいけないことというのは，どのくらいの反感があって，また，どのくらいパワーの問題があるのかということです。

実は非常に興味深い例がありまして。数年前，当時のノバルティスの合併のときに勤務していた人に聞いたのですけれども。まず，チバとガイギーっていう会社がありましたよね。で，それが一緒になって，チバガイギーになって。それがサンドと一緒になってノバルティスという会社になりましたけれども。元々，チバガイギーとサンドのところの合併はどうだったか？　と

図2　エティックとイーミックの関係

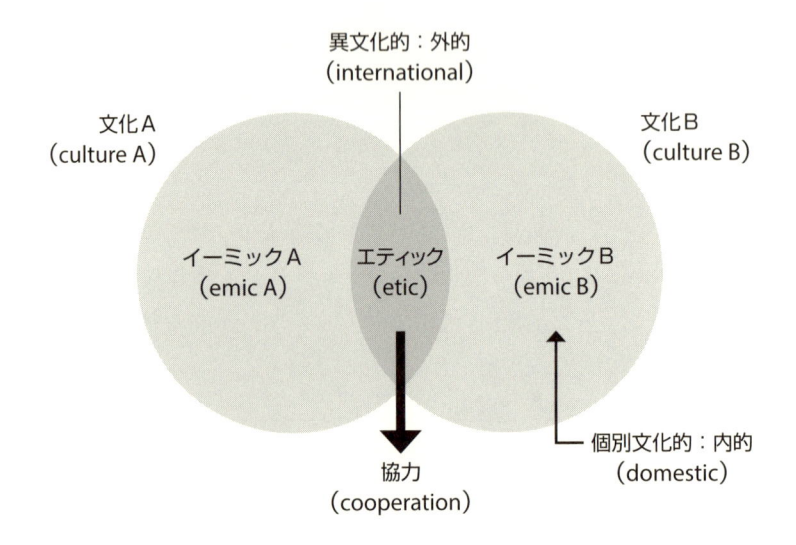

異文化的：外的
(international)

文化A
(culture A)

文化B
(culture B)

イーミックA
(emic A)

エティック
(etic)

イーミックB
(emic B)

個別文化的：内的
(domestic)

協力
(cooperation)

いうふうに質問をしたのですが，そこはよかった。だけれども，まだ依然として，チバの人，ガイギーの人，というのがそのままあったという話を伺いました。

ですから，この反感の問題というのは，やはり対処されなくてはいけなくて，統合される側，買収された側というのは，自分たちが劣っているということで，何かやろうとしたときに，それがサボタージュの原因となったり，上手くいくはずのことがそうは運ばなかったりということになりますので。ですから，幹部の方は反感といったものが出てこないような，そういうところに目配りをしていかなくてはいけないと思います。

また，プロセス・コンサルタントとして幹部の方々にきちんと理解を図らなくてはいけないのは，統合の仕方はいろいろとあって，その統合の仕方によって，もたらされる結果は違うということです。

Q9　グループの捉え方

尾川……… 1つの企業組織を，法人（ジュリディカル・パーソン）と想定する見方をすると，ジュリディカル・パーソンがもっているキャリア・アンカーをコーポレート・アンカーと捉えてしまうことによって，企業内のグループ（小集団）という概念が欠けてしまうと思われます。介入を考えますと，1つの企業の中の小集団と捉えないと問題が生じてしまうと思うのですね。リチャード・ベックハードも，企業に介入する場合，個人から介入することは極めて難しいとしております。これを，法人ということで企業を1つの集合体みたいに見なしてしまうと，介入段階で誤解を招いてしまいます。先生のPCの概念は，介入時には企業の中の集団のことをベースに意味していると思われます。

シャイン……このグループといった場合には，小さなチームであったり，会社全体であったり，コミュニティということもあって，ですからグループという言葉を使う際には必ず，そこで具体的に何を指しているのかということを示していかなくてはいけないと思います。チームであったり，場合によって

は家族，部門，会社全体，いずれもグループだったりすると思います。そして，プロセス・コンサルティングを行う場合には，人事管理がやるときには，グループの規模に合わせた形で行っていかなくてはならないと思います。

おそらく会社全体を示すときには，グループという言葉を使うよりは，コーポレート・カルチャーという形で，企業文化というふうに言及したほうがいいと思います。

Q10 企業文化の安定と変化

尾川………… では，企業文化のことなのですけれども，不安定（大黒柱に車をつけよ！　すなわち，中心度を柔軟にしておけ，の意味）にしておく必要があるというように日本では言われていますが，これだけでは，多分に誤解を招く表現だと思うのですが。というのも，企業文化は，安定している部分がないとまずいと思うのです。企業文化のどこを安定させて，どこを常に変化していく状態にしていかなくてはいけないのでしょうか。

シャイン…… 組織の根底にある技術，テクノロジーの性質によると思います。たとえば，グーグルの場合は，根底にあるテクノロジーというものが絶えず変わることを要求してくるわけです。一方で，原子力発電所であれば，絶えず変わっては困るわけで，そこでは安定が求められています。ですから，企業文化というのは，根底の技術ならびに環境に依存すると思います。環境などが安定している場合には，そういった文化になるでしょうし，または技術あるいは環境が変わっていく場合には，文化もそれに適応する形で変わっていくのだと思います。

Q11 未成熟：機能性・俊敏性と多様性

尾川………… 未成熟（型にはまっていない，発展途上，未開発な部分がある，成長過程にある，等の意味であり，成熟度が低いという意味ではない）でダイナミックに変化に対応できるような企業であり続けることが求められます。その未成熟とはどのような状態を指すかというと，それは多様性 (diversity)

を意味していると先生はおっしゃっているのですが，多分，日本の場合は同質的なことが問題になっていて，従って異質的にならなきゃいけないっていうことかな？　と思うのですが。

シャイン……この"未成熟(immaturity)"という言葉を，"機動性，俊敏性(agility)"という言葉に，まず変えた方がいいと思います。このagilityというのが，まさに変化をする能力を指していると思います。子供というのは，機敏で，機動的で俊敏性がある。一方，大人はそうすることが難しいといったことも言えるわけなのですけれども。企業が機動的であるということは，それによって多様性が生まれてきます。そこでは，企業が機敏に，俊敏に動くためには，いろんなスキルをもった人，いろんなニーズ，またいろんなアンカーがいて，初めて実現されるというふうに思います。また，マーケットがシフトする中で，いろんな人がいて，多様性があることによって，いろんな仕事ができて上手く順応していくことができるというふうに思います。ですから，変化する環境においては，機動性・俊敏性，ならびに多様性，この2つが必要になってきます。

　これは，もしかしたら日本の社会においては，難しい点もあるかもしれません。非常に同質的な，均一な社会だということで。そのために，たとえばアメリカに工場を建てる，ドイツに工場を建てる。そういう形でアメリカなり，ドイツの視点を取り入れていく。ですから，日本だけでは均一・同一なところを，他国にそういう物件を設けることによって，国際的に多様化することができるということが言えると思います。

Q12 感情と文化

尾川……….PCやキャリア・サバイバルが，感情をうまく操るための装置であることは，本書の第2章の中に詳述されていますが，ここでは，ORJIサイクルについて伺います。ORJIサイクル（*Process Consultation Revised: Building the Helping Rerationchip*, 1998, p.86）の2つめの"R"，すなわちEmotional Reaction（感情に気づく）には説明が必要です。感情をコントロール（抑

制）すべきだということではありません。物事を正確に認識したうえで，それに基づいた正確な感情を発露するということが重要なのであり，間違った認識によって，ふさわしくない感情をもつことが問題なのです。たとえば従業員が大変悪いことをし，私がそれに怒りを覚えたとします。その場合，私が怒るのはある意味で当然のことです，というふうなことが書いてありますので，感情をコントロールしない（感情を出し入れ自由にする），主観的なことは大変大事であるというふうに読み取れるのです。けれども日本ではこれが，組織変革を促進させようとする者は自らの感情をコントロールすることが大切であるというように異文化屈折して伝わっているものですから，日本では客観的で，感情をコントロールしなきゃいけないっていうように理解されがちです。それは先生のおっしゃっていることと全然違うのですね。ここはちょっと，何か文化的誤解が起こったというように考えますので，やっぱり主観的で，感情というのはある程度大切にして，表しても構わないというように認識してよろしいでしょうか？

シャイン……これは非常に文化的なことだと思います。アメリカにおいては，いろいろなレンジで感情を表現していると思います。上司，またコンサルタントによっては，自分の感情を非常にあらわにして，それでも受け入れられるという状況があるでしょう。一方で，私のようなコンサルタントは感情をコントロールします。どちらでも，アメリカでは受け入れられる。ただ，日本ではどうなのか。日本では，たとえば「バカヤロー」というような形で，自分の感情を非常にあらわにして，それでも受け入れられるのかどうか。それは文化によって，どれだけ許容されるのかというのは違うので，私自身がこういったルールでなければいけないということを決める立場にはないと思います。ですから，アメリカにおいても，本当にいろんな形で抑制する人もいれば，自分の感情をすべて表してしまうという人もいて，それなりに受け入れられている。そこが非常に文化によって違うのだと……。

尾川………いえいえ，そうじゃないのです。日本は，以前は結構，上司が「バカヤロー」というのは当たり前だったのです。ところがアメリカがコントロ

ールしているので，感情は全部コントロールしなければいけないという誤解が生じたのではないかと思います。

シャイン……　そういうことではないと思うのですけれども。たとえば社長が変革を起こしたいと思った場合には，静かに「変えたらいいね」と言ってもついてこないので，感情を表現して，変革を促すようにそれを奨励すべきでありましょう。そういうふうに自分の感情を出して，「こうしたいのだ！」ということを強く主張しないと信じてもらえないと思います。また非常に安全が重要な分野，多くの原子力関係のコンサルタントをやっている人を知っていますけれども，そういうところでは原子力の発電所の所長という人に対しては，非常に情緒的に感情に訴えて，重要性ということを訴えていかなければいけないし，事故は絶対に避けなくてはいけない。これは何としてでも，コントロールしなくてはいけないというのは，感情を出して表現していかなくてはいけないと思います。

尾川…………　そうすると，感情というのは頭で理解するものではなくて，体感するものだとなると思うのですが。しかし日本では，感情はなるべくは頭で制御するもので，体感で表出すものではないと，ここもちょっと文化誤解があるかと思うのですけれども。

シャイン……　両方必要だと思います。またはセラピーなどでは，ある人がある感情をもっていても，それを上手く言葉にすることができない，あるいは頭でこういったことなのだと理解できないところを，コンサルタントがお手伝いをして，それは心配しているのだとか，怒っているのだとか，そういう感情をメンタルな形で認識できるようにしてあげるということはあります。

Q13　ヘルピングの文脈

尾川…………　次の質問はヘルピングに関することです。質問を通じて，相手に問題の本質に気づいてもらうという記述を先生はしておられますが，これが日本では誤解を生みまして，ヘルピングする際に，相手の無意識を考えてあげなきゃいけないというふうに捉えられてしまっているのですが。おそらく

先生は，相手の背後にあるもの（慶應義塾大学の中鉢正美先生の言葉で生活構造〔他者との関係が生じる職場環境・社会環境〕と言っていますけれども）それを配慮してあげないさいという，もっとソーシャルなことを問うとおっしゃっていると思うのですが。ここはちょっと，誤解されているんじゃないかなと思うのですけれども。

シャイン……もっと簡単に言いますと，私に助けを求めている場合に，そこで理解しなくてはいけないのは，コンテクスト。どういう文脈で，どういう状況でもって，そういうことを求めているのか。助けを求めているのか。どうしてなのか。何を求めているのか。というようなことを理解すればいいので，その人の人格であるとか，無意識であるとか，そういうことを理解するということではありません。

尾川…………従って，先生がここでおっしゃっているように，「心理的なものというより，文化的なもの」だということになるわけですね？

シャイン……はい，そうですね。

Q14 カルチャーは'測定'可能か？

尾川…………先生はカルチャーを読み取る方法として小グループ討議の観察やインタビューを中心にあげておられますが，カルチャーを'測る'ことについてはどのようにお考えでしょうか。

シャイン……この質問は，以前，人事測定研究所の二村さんともお話ししたことですが，カルチャーとは，規範やルールといったものから構成されると考えられ，そのカルチャーは，測定可能なものと考えられます。ただし，カルチャーを構成する規範は複雑なものなので測定するのは困難でしょう。たとえば，日本における「権威性の度合い」を質問紙などで測定しようとすると，それは組織における権威性を測定することにはならないと考えます。質問紙法などでクロス・アナリシスをしようとしても，創業以来，永年培ってきた組織における権威性を測定したことにはならないであろうと考えます。

　カルチャーを読み取るのには2種類の目的があります。ひとつは記述的

にカルチャーを把握すること，つまり事実を把握することが目的になります。他のひとつは当事者自身がカルチャーを規範的に理解し，やりたいことを決めることです。いずれの場合も事前に目的をはっきりと定めておくことが非常に重要です。

前者の場合はアセスメント・ツールが有効でしょう。ただし測定結果のみからカルチャーを推論するのはかなり危険なことで，測定結果とともに民族誌的にエスノグラフィーを観察した情報も必要です。

後者の場合は，当事者が目的を明確に意識し，主体者自らが実施することが重要です。当事者が主体的にプロセスを進めていくことによって変革が内発的に動機づけられるのです。変化の激しい環境下にあっては，客観的な測定よりも当事者が主体的にアセスメントするしかけを作ることのほうが重要であるように思います。

尾川………カルチャー，とりわけ企業文化を変革するにはどのようなステップを踏めばよいでしょうか。

シャイン……近年360度評価が多く用いられ，それは従業員の行動に変化をもたらしています。でも，それをカルチャーの変革と言うことはできません。それは行動の変化にしかすぎないのです。行動の変化により何らかの利益を得たりして——たとえば生産性が向上したり従業員の士気が高まったりして——徐々に態度に変化があらわれたら，そして，2年，3年と過ぎるうちに新しい基盤となる前提的な考え方が定着するのです。十分時間をかけて行動を変えさせ，成果を見きわめて初めてカルチャーの変革を確認できるのです。経営者の一時的なちょっとした気まぐれなやり方がうまく作用しないことが多くあります。

私が思うに，ポイントは当事者が「なにを改善しようとしているか。どこが悪いのか」を認識しているかどうかということです。ある企業が短期間にスリム化を図りたいとしましょう。そのときだれが変化にそぐわなくなっているかわからなかったら，おそらくアセスメントを行って，間違って優秀な人材をレイオフしたりしないようにそれぞれの強みを調べようということに

なるでしょう。

　つまり，ここで強調したいのは，問題が認識されているところからのみ解決法が引きだされるのだということです。ですから，他の会社がやっているからといって，また即効薬だからといって解決法だけを持ち出すのは間違っています。

尾川………… どんな方法をとるかの前に，十分な観察を通じて当事者に問題を発見させることが大事だということですね。

シャイン…… そうです。そして，それが PC としての最大の仕事だと考えています。つまり，マネジャーに実際なにが問題なのかを気づかせることなのです。

Q15 複雑人仮説

尾川………… 複雑人仮説について伺います。先生にもう一度ご説明をいただきたいのですが，複雑人仮説にたってマネジメントを考える際，どのようなことに留意すべきでしょうか。どうも複雑人という仮説は，経済人や社会人，自己実現人といったマズローの発展段階説の延長線上にある属性的な仮説とは異なるようなコンセプトに思えるのですが，コンプレックスマンの仮説に至ったときに，何が大事と言うとしたら。

シャイン…… マネジャーというのは，まずフレキシブルでなくてはならないということだと思います。そして，部下それぞれによって動機も違うし，アンカーも違うし。なので，個々のマネージの仕方というのは変えていかなくてはならない。セルフアセスメントみたいな自己心理学的な概念とはつながりがないと思います。

Q16 中年の危機とキャリア・アンカー

尾川………… あとは本書『組織セラピー』の第 5 章のおさらいですけど，キャリア・アンカーというのは，自分の意識の中でつくるセルフ・イメージだと。そしてこれが自分のために人生の前半で形成される。それを前半では個

人的に使って，それが人生の半ばからはマッチング機能としてキャリア形成に用いられ，やがては文化へ貢献するように用いられるに至る。逆に言えば，中年の危機以降で未処理な人生の前半の個人的な価値（unfinished task）を，人生の後半まで引きずり，社会貢献につなげられないのは，前半の価値に対する受け止め方が不十分だからと言えるでしょうか。

シャイン……そうですね。個人が自己評価，セルフ・アセスメントをして自分のキャリア・アンカーが何なのかということを理解することによってそれを組織に伝えることができるようにしなくてはなりません。

Q17 ブリーフ・セラピーとプロセス・コンサルテーション

尾川………まず，ブリーフ・セラピーのケースを挙げて，そのプロセス（とくにマイケル・ホワイトのナラティブ・セラピー）をちょっと説明してみたいと思います。

まず，最初の家族の状態としては，ある子供の行動が問題視されて相談が始まるという設定です。その子は IP（identified patient：患者とされた人）と呼ばれ，当初は，この IP とされた子が問題だとされています。たとえば，食事が食べられないとか，お漏らししてしまうとか。しかし実は，本当はこの子が問題なのではないのです。でも，家族は皆，この子が問題だと思ってしまっている。なので，クライアントと呼ばず，IP と言っています。こうした家族神話をドメスティックストーリーとか，ドミナントストーリーとも言っていますけど，この家族はこのドメスティックストーリーに縛られている。

それで，サーキュラーインタビュー（ミラノ派の技法）というのをセラピストが行います。家族全員に，1人ひとり同じ長さの時間を使って。そして，問題の外在化というのを図ってもらいます。この家族を，リフレクティング・チームというのがマジック・ミラー越しに見ております。リフレクティング・チームは精神科医のお医者さんだけじゃなくて，そこら辺の魚屋さんとか八百屋さんとかいろんな人が入っていたほうがいいと思われます（図3参照）。

シャイン……リフレクティング・チームというのは何ですか？

尾川…………ここでは家族に対して，セラピストが家族療法をやっているのですけれども，マジック・ミラーの後ろ側でリフレクティング・チームの人たちが問題の外在化をしている過程を観察しているのです。

シャイン……このセラピューティックな環境の中でということですよね？

尾川…………大体，チャイルドガイダンスクリニックが多いですけれど，そうです。で，入れ替わります。今度は，ファミリーがマジック・ミラーの後ろに来て，リフレクティング・チームの人たちが話すのを，ファミリーが聞きます。

そうして，リフレクティング・チームの人たちがユニークアウトカムというのを出します。それは，これまでのドメスティックストーリーではIPの人が問題だと言われていたけれども，本当の問題は家族の中の別な人にあると思う，問題はこっちなんじゃないかというような，新しいストーリーです。

そうすると，家族は悩むわけですね。いままでのドメスティックストーリ

図3 ミラノ派（家族療法）のサーキュラーインタビュー
　　（「変化のプロセス」のプロセス）

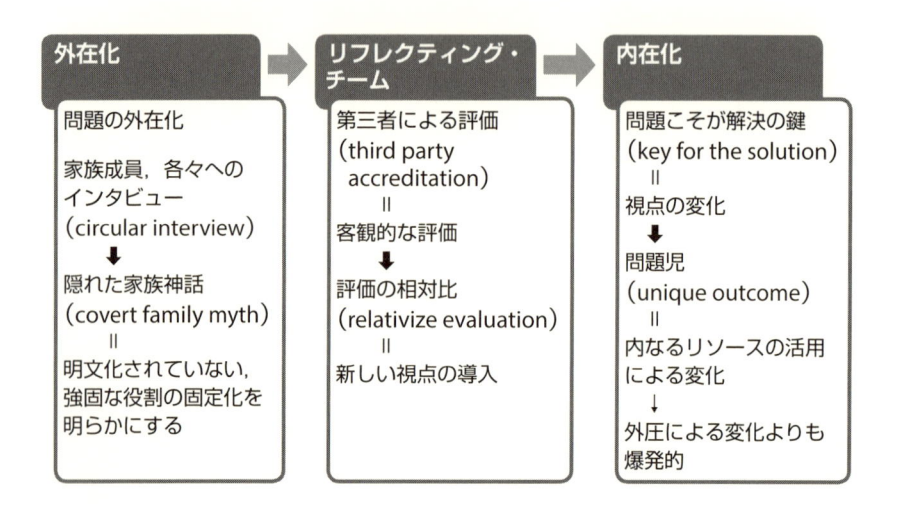

外在化	リフレクティング・チーム	内在化
問題の外在化 家族成員，各々へのインタビュー （circular interview） ↓ 隠れた家族神話 （covert family myth） ＝ 明文化されていない，強固な役割の固定化を明らかにする	第三者による評価 （third party accreditation） ＝ 客観的な評価 評価の相対比 （relativize evaluation） ＝ 新しい視点の導入	問題こそが解決の鍵 （key for the solution） ＝ 視点の変化 ↓ 問題児 （unique outcome） ↓ 内なるリソースの活用による変化 ↓ 外圧による変化よりも爆発的

ーの中に，ユニークアウトカムは埋め込めませんから。

　リフレクティング・チームのほうのストーリーはオルタナティブストーリーと言われていて，ユニークアウトカムを含んでいる新しいストーリーを作ることが容易にできるわけです。

　精神分析は，自分で考えさせるのですけれども，ファミリー・セラピーの場合はリフレクティング・チームが考えてくれますので，それを内在化するだけでいい。リフレクティング・チームによって生じたユニークアウトカムとかオルタナティブストーリーの内在化が，ドメスティックストーリーを脱構築して，オルタナティブストーリーを再構築しやすくするのです（図3参照）。

シャイン……　リフレクティング・チームはどこから来るのですか。

尾川…………　コミュニティにいる人。

シャイン……　誰が選ぶのですか。

尾川…………　通常，こういう家族の場合は，PSW（精神科ソーシャルワーカー）とか民生委員。

シャイン……　これにはコミュニティが関与しているわけですね。単なる家族とかセラピストではなくて，コミュニティが関与して行うと。

尾川…………　民生委員というのは，コミュニティでこういうことをウオッチしていなきゃいけない非常勤の地方公務員なのですけれども。

シャイン……　アメリカではこれが欠けているのですね。アメリカでは滅多にないのですけれども，地域社会にこういう状況を見守るというか観察するような，そして関与するような状況があれば，非常にパワフルで有効だと思います。

尾川…………　これをヒレル・ザイトリン（本書『組織セラピー』の第3章の共著者）さんが，7年前に Organizational Therapy Network（『組織セラピー』が執筆される母体となった研究会）で説明しました。そのとき先生はおっしゃいました。「まさに私のプロセス・コンサルテーションのプロセスと非常に似ている」と。プロセス オブ プロセス・コンサルテーション。

シャイン……全体のプロセスと個々のプロセスという2つの関係性があると思います。プロセス・コンサルタントがこういう全体のプロセスを設計する，デザインするということ。もうひとつは，このような形でプロセス・コンサルタントがすべてのステップを管理していくという意味で，プロセス・コンサルタントは全体の設計者のような役割をし，そしていろんな個々の関係者を協働させて，家族を説得して，ボランティアを募ってやっていくということ。プロセス・コンサルタントがコミュニティにいなきゃいけないのかというのはちょっとわかりませんけれども，これがまさにここで言っている全体のプロセスなので，コンサルタントはその全体のプロセスを管理していかなくてはいけない。

　尾川さんがこれをやっていて，翌週トヨタの社長の所に行って，生産性についてどうしようかという話をして，次に2人で今度は組織のプロセスというのを設計する。ここで次に組織の問題が出てくる。その翌週ですけれども，ある友人が「助けてくれ」と。ここで友人同士が助け合うというプロセスが生まれてくる。これはすべてプロセスが関わってくるので，これはPCと言えるでしょう。どうでしょう？

尾川…………それもすごくわかります。ただ，7年前におっしゃったこととちょっと違うので，7年前に先生のおっしゃったことを私がちょっとまとめて

図4　プロセス・コンサルテーション

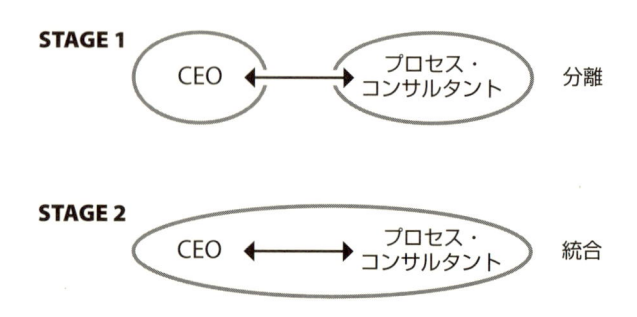

STAGE 1　CEO ⟷ プロセス・コンサルタント　分離

STAGE 2　CEO ⟷ プロセス・コンサルタント　統合

みます。

　先生がおっしゃったことは，問題の外在化のところはピュアハンブルインクアリー（pure humble inquiry）。リフレクティング・チームのところがダイアグノーシス（診断）。問題の内在化のところが直面化的姿勢（対決的姿勢）。

シャイン……　実際にそれが，事が起きているときには，ということだと思います。

尾川…………　ええ，そうです。

シャイン……　ただ重要なのは，やはりここの（CEOとプロセス・コンサルタントとの関係性の：図4）デザインだと思います。STAGE 1と2は，実行している個々の段階ということだと思います。

尾川…………　しかし，7年前先生はこうおっしゃいました。「実行の際の装置（implement）は，デザインを作る際に極めて重要だ」と。

シャイン……　どういうふうに，プロセスが機能するのか，どうなるのかということを頭で理解しておくということは確かに重要だと思います。

尾川…………　従って，ブリーフ・セラピーの考え方は，すごくPCの実際の理解に重要だと？

シャイン……　もちろんそうですね。ただ，もうひとつ要素があるというように思います。これに相当するものが，家族とのPC。子供が食べていない，そこでこの子供が食べていないのは一体どういうことなのだと言って，家族と一緒に話す。家族のことは，少なくとも頭ではどうなっているのかということはわかっていますから。

　そして，家族に対して，「このプロセスを検討しますか」と言います。次のステップでやっていってもいいのかということに，家族の合意を得なくてはいけないからです。ですから最も重要な介入というのは，ここだと思います。家族の同意を取り付けるところ。あるいは，CEOの同意を得るところ。そこが，非常に重要だと思います。

　PCの作業というのは，人対人なのですけれども，ここではもっと大きなデザインの中での，個対個，人対人という関係になります。

尾川………7年前に先生がおっしゃったのは，これとまさに同じことで，家族の権力構造をよく理解して，このステップでいいかどうか交渉するところが，すごく大事だと。

シャイン……家族の権力構造を崩すというようなことはしないけれど，それを理解しなくてはいけない。

　この事例は，また非常に複雑なのですね。母親が同意しても，父親が同意しないということもありますので。

尾川………おっしゃるとおりです。

シャイン……そして，父親がどういうことだったら同意してくれるのかということで，話を続けなくてはいけない。

尾川………そのときに，大体先生のおっしゃるようになかなか一致しないのですけれども，このリフレクティング・チームの人は，一致するとか一致しないとかいうことではないところに問題があるのではないですか？　という意見を述べたりして，それが結構，第三者意見として役立つ場合もあるのですが。

シャイン……家族が同意して，そしてリフレクティング・チームがあって。そうしますと，どういうことになるのか，私にとっては未知の領域に入っていくと思われるのですけれども。それは，それでいいことだと思います。

　ただ，アメリカではこういうやり方はなかなか納得してもらえないと思います。というのは，家族というのは非常にプライベートなものなので，リフレクティング・チームの前で見せるということは非常に抵抗があり，それは難しいと思います。

尾川………それについては，ブリーフ・セラピーには治療契約がありまして，10回で問題を解決するという。もし解決しなければ，料金は全部返金するよと。だから，当然ここでの秘密は必ず守る。

シャイン……でも，そのリフレクティング・チームという外部の者が関わってくるのですよね？　そういう人たちに，秘密を絶対守るようにというのは，どうやってそれを担保することができるのでしょう？

尾川………… それは，治療契約書とかを作ってもらっているので。

シャイン…… 上手くいくのだったら，非常に興味深いし素晴らしいですけれども。

　ただ私がやっていることの 90％ というのは，ここの，PC として CEO とのピュアハンブルインクアリー（分離）と直面化的姿勢：対決的姿勢（統合）のところなのですね（後出図 5）。必ずしも CEO ということではないけれども，要は幹部とのやり取りであって，下位グループとのやり取りや変化のプロセスは次のステップ。PC とこのグループが，どんなステップを踏んで，何をしようかということに合意をして。そして，このプログラムを変更してとか，そういう仕事が私の 90％ の仕事なのですね。

　ですから，私は絶えずクライアントとのやり取りを直接にいたしまして，それを順番に次から次に行っていく。いつも，そのときどきのクライアントと直接やり取りをするということなので，今のような，ブリーフ・セラピーのような状況というのは，私はほとんど経験がありません。

尾川………… しかし，先生は 7 年前におっしゃいました。最初にお父さんと話すのが大事だと。お父さんが CEO だと思いますけれども。そうすると，クライアントの対象者が IP の人からたとえばお母さんに代わって，お母さんから本当のクライアントに代わる。だから，PC のプロセスとこのブリーフ・セラピーのプロセスは，よく似ていると。

シャイン…… それは誤解だと思います。私のクライアントというのと，家族の役割というのを結びつけるというのは混乱をきたすので，そういうことは決してしたくないと思います。

尾川………… そうすると，何が似ているというふうにおっしゃったのでしょう？

シャイン…… PC というのは，人を助ける視点ですので，助ける相手が友人であったり，CEO であったり，それが家族だったり。そういうことで，このプロセスというのは，ある問題に対しての見方，心構え（マインドセット）というように言えるので，PC を行う際に，何か提案とか提言をするという

ことではなくて，話してみましょう。ということになります。

ですから，ここで重要な点というのは，クライアントの状況をきちんと理解するまでは，提案・提言というのは行わないということです。クライアントの状況をきちんと理解して初めて次のステップをクライアントと私と一緒に，設計していきます。

尾川………… 分かりました。家族療法（ファミリー・プロセス），集団精神療法（グループ・プロセス），プロセス志向の心理療法の治療プロセスをセラピストがクライアントと展開することが，PC なのではない。改善が下位システムによって自発的に動いていくように，プロセスの全体を管理していくのが，プロセス・コンサルタントである。そのためには，（図1）でいう CEO とプロセス・コンサルタントの関係の構造が大事であり，2人のあい

図5　プロセス・コンサルテーションの俯瞰図

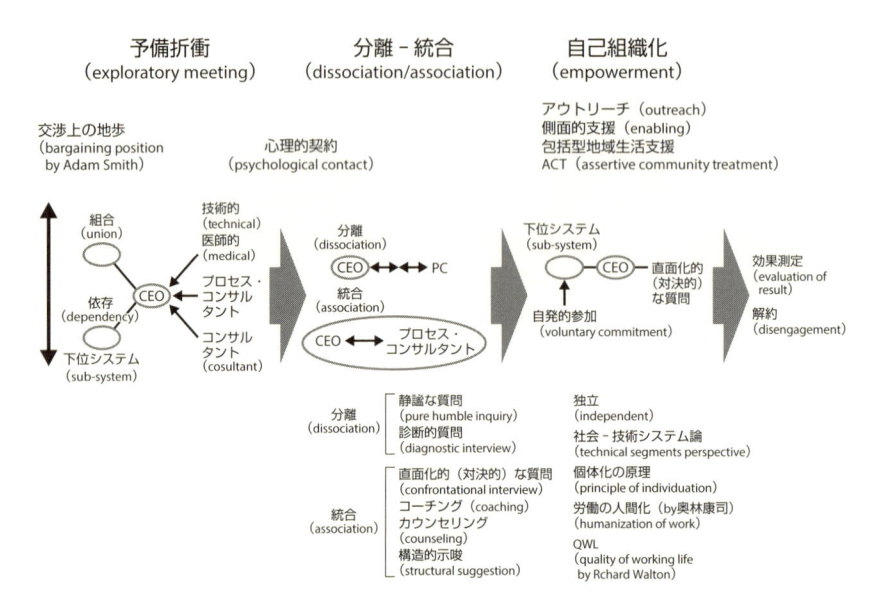

予備折衝
（exploratory meeting）

分離－統合
（dissociation/association）

自己組織化
（empowerment）

交渉上の地歩
（bargaining position by Adam Smith）

心理的契約
（psychological contact）

アウトリーチ（outreach）
側面的支援（enabling）
包括型地域生活支援
ACT（assertive community treatment）

組合（union）
技術的（technical）
医師的（medical）
プロセス・コンサルタント
コンサルタント（cosultant）
依存（dependency）
下位システム（sub-system）

分離（dissociation）
CEO ↔ PC
統合（association）
CEO ↔ プロセス・コンサルタント

下位システム（sub-system）
CEO
自発的参加（voluntary commitment）

直面化的（対決的）な質問

効果測定（evaluation of result）
解約（disengagement）

分離（dissociation）
- 静謐な質問（pure humble inquiry）
- 診断的質問（diagnostic interview）

統合（association）
- 直面化的（対決的）な質問（confrontational interview）
- コーチング（coaching）
- カウンセリング（counseling）
- 構造的示唆（structural suggestion）

独立（independent）
社会 - 技術システム論（technical segments perspective）
個体化の原理（principle of individuation）
労働の人間化（by奥林康司）（humanization of work）
QWL（quality of working life by Rchard Walton）

Schein, E. (2009) *Organizational Therapy–Multiple Perspectives* (Alternative Views Publishing) より改変。

付　録

エドガー・H・シャインに聞く

だで，ピュアハンブルインクアリーと直面化的姿勢（対決的姿勢）が行われた結果，分離 – 統合の過程が起こる（図4）。そうすると，交渉上の地歩が一線上に対等に並び（下位システム–CEO–プロセス・コンサルタント），下位組織で，自発的なコミットメントが生じてくると。

そうすると，PCを俯瞰すると，図5のようになるのでしょうか。

Q18　グループ・ダイナミクスの使用について

尾川…………大体，所期の目的は達成できたのですけれども，最後にあと1つだけ質問をさせていただきます。これはPCではなくて，グループ・ダイナミクスのことです。

PCの後半の，下位システムの変化というステップにきますと，グループ・

---

(1) 予備折衝
　　ここでは，交渉上の地歩がワンアップな技術的，医療的なコンサルタントや，交渉上の地歩がワンダウンなクライエントに迎合的な，待っているだけのコンサルタントの立場では，下位組織の依存がとれないので，プロセス・コンサルタントは，CEOと対等な立場をとらなければならない。
　　こうした対等な関係の下で，心理的契約が形成されることが望ましい。
　　従業員による下位システムは，予備折衝の段階（プロセス・コンサルタントを招聘している段階）では，交渉上の地歩がワンダウンで，組織に依存した形になっている場合が多い。
　　ただし，クロス・ユニオンが，会社より交渉上の地歩をワンアップにとり，CEOがどうにもならないケースもアメリカではある。

(2) 分離—統合
　　プロセス・コンサルタントとCEOのあいだで，ピュアハンブルインクアリーと直面化的姿勢（対決的姿勢）が行われた結果，分離 – 統合の過程が起こる（図4）。プロセス・コンサルタントは，交渉上の地歩が上や下の場合のように，全面的支援（full helping）を指示的に，あるいはコンサルタント契約の延伸のためにしてはいけない。CEOの求めに応じる範囲の側面的支援（enabling）に留め，下位組織をアウトリーチし，社会福祉でいうところの隔離政策・入院措置から，ACT（assertive community treatment：コミュニティ心理学）への転換に努める。

(3) アウトリーチ
　　その結果，下位組織の自己組織性が発動し，エンパワーメントが起こり，下位組織は自立しだす。換言すれば，解決は，その組織の基本的想定を最も知っている私たちがなさなければならないと自覚しだす。すなわち，社会-技術システム論のいう固体化の原理（principle of individuation）が展開される。

(4) 効果測定と解約
　　クライアントの分離固体化が行われれば，自動的にプロセス・コンサルタントは解約されるであろう。
　　以上が，支援に対する一般理論であり，これをパソコンの基本ソフトにたとえOSとすれば，ロジャースの来談者中心療法とシャイン先生のPCは，変わらない。それに付けるアプリケーションが，個人療法なのか，組織セラピーなのかで異なるだけである：この点は近刊の『プロセス・コンサルテーションの実際』で詳述）。ここで目標設定とされるのは，労働の人間化（humanization of work：奥林康司）であり，QWL (quality working life: Richard Walton) であって，成果ではない。
　　ただし，リチャード・ベックハードは，家族経営の場合に限っては，プロセス・コンサルタントのほかに，家族療法家も登用し，conjoint therapy（2人のセラピストが当たる場合がconjoint therapy，2つ以上の療法を受けることがcombined therapy）にしたほうがいいと指摘している。

ダイナミクスの技法を使う方が個人を相手にするよりも、変化させやすい？

シャイン……もちろんです。ここで、トータルグループミーティングということで、グループ全体のミーティングをする。たとえば、この組織の士気に関する問題として、この工場で、300人ほどの全員参加型のミーティングをしようと。そして、工場長が会議の招集をかけて、この300人をいくつかのグループに分けて、それぞれのグループが話し合って、どうしたらいいのかと提案を出すようにということで。そして、一定の時間、2時間ほどかけて議論して、今度は個々のグループとインタビューをしてどういうデータが出てきているのか、どういう結果になったのか、という形で、丸々1日かけて組織の全員を関与させて、問題解決に努める。ただ、こういったプロセスというのは、クライアントとプロセス・コンサルタントが一緒になって、この設計をするということになります。

　この種の介入について言及している書籍（ホール・システム・アプローチ、AI〔appropriate inquiry〕、ワールド・カフェ、ヒューチャー・サーチ、リレーショナル・コーディネーション〔RC〕など）はたくさんあります。

尾川…………長時間にわたり、さまざまな質問に丁寧にお答えいただき、ありがとうございました。

＊なお、本インタビュー収録後、PC は通常外部コンサルタントであるが、プロクター＆ギャンブル社においては、例外的に PC が内部の場合もあったことが、梶原誠氏により確認されたので、補足いたします。

■インタビュアー

石川大雅
　1969年 東京農業大学農学部農芸化学科　卒業
　1969年 トーアエイヨー株式会社
　1990年 アークインターナショナル株式会社
　1992年 株式会社ビジネスコンサルタントを経て1998年に独立
　有限会社脳科学モデリング研究所　代表
　米国 NLP 協会公認 NLP トレーナー
　著訳書：
　　R・バンドラー／J・グリンダー著、石川 大雅（本名：正樹）・尾川 丈一・高橋 慶治訳「魔術の構造」亀田ブックサービス（2000年）

石川 大雅監修「心理学的アプローチNLPによる,提案型営業のすべて」近代消防社(2001年)
石川 大雅著「メンタリングによるセールスコーチングのすべて」近代消防社(2001年)
石川 大雅監修・森 顕一著「思い込みを捨てれば人生が変わる」生産性出版(2010年)
石川 大雅著「できないことがなくなる技術〜Brain Copy Technique〜」中経出版(2012年)

尾川丈一　著者紹介欄参照

座談会●訳者あとがきに代えて
Organization Therapy — Multiple Perspective

2012年10月10日（水）午前10:00～12:00
国際基督教大学（ICU）ERB にて

参加者：
尾川丈一（Process Consultation Inc.）
稲葉祐之（ICU）
木村琢磨（法政大学）
酒井輝彦（株式会社プロセス・コンサルテーション）

尾川………… まず，この本『組織セラピー』の制作の経緯を説明したいと思います。

シャイン先生は，本に関しては基本的に他の方とは共著をしないのですが，『DECの興亡——IT先端企業の栄光と挫折』（エドガー・H・シャイン，ピーター・S・ディリシー他著，稲葉元吉・尾川丈一監訳，亀田ブックサービス，2007）とこの本を共著にしたのには，意味があります。『DECの興亡』では，シャインがコンサルタントとして何をしたのかをコンサルタントとともに示しました。それでは，この『組織セラピー』には何が込められているか，第1～6章までと本全体に込められた意味をご説明させていただきます。

◆**第1章**（by Edger H. Schein）
シャイン先生は，2000年に産業・組織心理学会に招聘され来日した際に，「組織心理学の発達とわたしのキャリア研究」という講演をされました（金井壽宏著『キャリア・デザイン・ガイド』白桃書房，2003，158-157頁参照）。これは，数年前にAOMで「臨床的アプローチはなぜ必要か？」というタイトルでパネル発表されたものと同じ内容であると，故稲葉元吉先生がおっしゃっていました（Schein, E. H., *The Clinical Perspective in Fieldwork.* New-

bury Park, CA: Sage, 1987)。

『企業文化——生き残りの指針』（エドガー・H・シャイン著，金井壽宏監訳，尾川丈一他訳，白桃書房，2004）を読んでいただくとお分かりのように，企業の基本的想定（basic assumption）というものは，質問紙（事前アセスメント）ではなかなか分かりません。基本的想定は，まず創業者たちがつくり，それが市場で地位を得，お客様に受け入れられる中でできあがってきたものですから，社史を紐解き，会社の成り立ちまで見なければ理解できないのです。今の社員たちはすでにできていた基本的想定に何となく染まり，教化されているので，その人たちに聞いても分かりません。ですから，基本的想定を理解するには，文化人類的な手法（エスノグラフィック・メソッド）で，単身，参与観察者として組織の中に入り，組織の人々と行動をともにすることしかないのです（Schein, E. H. et al., *Interpersonal Dynamics*, Homewoood, IL: Dorsey Press, 1964; 3rd Ed., 1973）。

企業の基本的想定やグループのプロセスといったものが，どういう原則で動いているかといったことを最初に提唱したのは，クルト・レヴィンです。彼は『社会科学における場の理論』（クルト・レヴィン著，猪俣佐登留訳，誠心書房，1956）の中で，「場の心理学（field theory）」として，場の基本的想定がグループの中の人間関係を動かしていることを示しました。

シャインは，そこから組織心理学というものを考え，環境の中の個人ではなく，人と人とのインター・パーソナル・ダイナミクスが，人の行動を決めているのだとしました。個人が自分で考えて決めているのではなく，基本的想定が個人間の相互作用を決めているのです。従って組織の中で，基本的想定による行動規範が染み付くという一程の教化の過程がなければ，組織人にはなれません。そうして身についた基本的想定は，市場の中での強みである一方，それ以外のことができなくなるという短所にもなります。連綿と続く場の力が基本的想定を決定づけ，それが組織内のすべての認識（相互作用）を決定づけてしまうからです。

ですから，基本的想定を測定するには，自分の心をサイキック・ニュート

ラリティー（傾聴・中立性）にし，組織の中に入っていかなければなりません。クリフォード・ギアツのいうように，「劇場」の中に入っていくと，ある瞬間に Big Voice が聞こえ，それを共有した人にしか分からない動きというものが，組織の中にはあるのです。また，そういう姿勢がないと，CEO と同じ立場で痛みを共有し，説得することはできない，というのが第1章で書かれていることです（参考：エドガー・H・シャイン著『新しい人間管理と問題解決—プロセス・コンサルテーション』稲葉元吉・稲葉祐之・岩崎靖訳，産業大学出版部，1993／『プロセス・コンサルテーション—援助関係を築くこと』稲葉元吉・尾川丈一訳，白桃書房，2002）。

◆第2章 (by Jon Stokes)

　ジョン・ストークスは，『グループ・アプローチ』（W・R・ビオン著，対馬忠訳著，サイマル出版会，1973）の中で，グループの基本的想定を書いた，イギリスのタヴィストック人間関係研究所のウィルフレッド・R・ビオンの弟子です。

　彼をロンドンのタヴィストック・センターから招聘し，2001 年から 2006 年まで，計 10 回に渡って以下のメンバーで集まりました。

　　Feb. 2001, Nov. 2001, Feb. 2002, Nov. 2002, Oct. 2003, May 2004, Nov. 2004, Apr. 2005, Dec. 2005, Jul. 2006 participated in founding the Organizational Therapy Network: Ed Schein (MIT/Soan), D. Stephenson Bond (Jungian Analyst), Jon Stokes (Tavistock, Freudian), Hillel Zeitlin (Ericksonian Hypnosis), David Calof (Brief Therapy), Joichi Ogawa (Kobe International University). This new organization is focusing on the career archetype, career transformation, and the organizational double-bind.

　クルト・レヴィンはコーネル大学からボストンに向かう途中で勤務先を失職しましたが，幸運にも MIT に職を得ました。その結果として，1945 年，MIT でグループ・ダイナミクス研究所を創設しました。現在のように企業文化や組織文化といった理論ができる以前である当時，グループを動かすものはその基本的想定であるという考え方には，大きく2つの流れがありま

した。それがレヴィンのグループ・ダイナミクスと，タヴィストックを中心とする集団精神療法です。レヴィンはこの2つの理論を合体し，精緻化したいと考え，タヴィストックのビオンとの共同研究を試みました。グループ・ダイナミクスの理論は行動的な色彩が強すぎるため，集団精神療法の精神分析学的システム理論によって，認知的な面を補完した統合理論をレヴィンとビオンとで創りたいと考えたのです。しかし，レヴィンは志半ばで亡くなり，基本的想定ができた企業の中心度に教化されて行動規範が決まった後，他者に対するリフレクションがどのようにできあがるかいうところまでの理論はできあがりませんでした。そこで今回，ビオン弟子のジョン・ストークスを呼んで対話を試みたのです。

エリオット・ジャックスがいっているように，企業の中に基本的想定ができると，社会的防衛機制ができ，それが企業内の人間の感情をコントロールしていきます。社会的防衛規制は不安や退避行動を生みますが，それはリクス・ヘッジの回避という側面だけでは説明できないその企業特有のものです。ただ今回は，企業の中の企業人としての感情的な囲いである社会的防衛機制と基本的想定の連動については明らかにすることはできませんでした。

認知的なシステム理論と行動的なシステム理論をどう結合したらよいのかという結論は出なかったのです。

そのため，第1章ではグループ・ダイナミクス，第2章では集団精神療法と2つの視点を併置的に提示しました。これらを統合し，プロセス・コンサルテーションの中で，行動的なODにとどまらず，感情も変革するということについては，後世に委ねられてます。

◆第3～4章（by Hillel M. Zeitlin, Joichi Ogawa, David L. Calof）

第3～4章は，ブリーフ・セラピーやシステム・アプローチについてです。

第1章の参考として挙げました，『プロセス・コンサルテーション——新しい人間管理と問題解決』や『プロセス・コンサルテーション——援助関係を築くこと』では，実際にプロセス・コンサルテーションに入っていった後にどうやってOD（組織開発）するのかといったことまでについては十分に触

れていません。そこで第3～4章では，プロセス・コンサルテーションの初版では収録されていたのに後に抜けてしまっていた，プロセス・コンサルテーションのハウ・ツーについて書かれています（参考：エドガー・H・シャイン著『プロセス・コンサルテーション――職場ぐるみ訓練』の第2部や『プロセス・コンサルテーション――新しい人間管理と問題解決』）。

第3章は，トヨタのQCサークルといったようなものを，実際にプロセス・コンサルテーション的観点から行うときにはどうしたらよいかといった内容です。

第4章は，システムを変革するときはどうしたらよいかについてです。Tグループだけでは，解凍―変化―再凍結程度の説明に終わっており，具体的にどうやってTQM（total quality management）をやっていったらよいかということには触れていません。そこで，ODをどのようなグループ操作でやったらよいかということ（ホール・システム・アプローチ）を，最近のブリーフ・セラピーやシステミック・アプローチといった観点から書いています。

◆第5章 (by D. Stephenson Bond)

第5章は，キャリア・アンカーに関してです。シャインはキャリア・アンカー的なものを強調したことはあるけれども，それはインサイド→アウトサイドにとどまっており，キャリア・サバイバル的なアウトサイド→インサイドという部分，たとえば人事制度としてどうやっていくのかといった点については不足していました。そこで，ユング派の人たちに，外在化と内在化が人間の前意識と意識の中でどのように起きているかについて話してもらい，キャリア・アンカーとキャリア・サバイバルを融合した『キャリア・デザイン・ガイド』（金井壽宏著，白桃書房，2003）を行った際の人間の防衛機制がどうなっているのかということを明らかにしました。

◆第6章 (by Edger H. Schein)

以上のようなものを統合して，臨床経営心理学総論のようなものをセラピストたちと作り上げることを後世に託すという趣旨によって書かれた本ということになります。

　　　　　　　＊　　　　　＊　　　　　＊

稲葉………　感情の話は，臨床の人には当たり前かもしれないけれど，組織の人にとっては新しいと思います。組織といえば，合理性がメインで，感情については，せいぜい非公式組織・非公式集団の中で言われていたくらいです。だけどこれはそのレヴェルを越えてマクロ的な組織の感情というものを取り入れようとしているところが――全部じゃなくて一部ですが――それが新しい点ではないでしょうか。

尾川………　第2章と第5章に関連してですが，皆ソシオ・テック学派を少し知っているくらいで，エリオット・ジャックスとなると余り知らないと思います。ですから，実はプロセス・コンサルテーションとヘルピングって，感情をシステム論的に捉え，変革しようとしている面もあるという説明は必要ではないでしょうか。

稲葉………　感情というものを入れるのだったら，ちゃんとそれは説明しなければいけませんね。それまで感情というのは無視されて，合理性を追求するのが組織だと考えられてしましたから。せいぜい，モチベーションを上げる，やる気・士気を高めるというくらいの感情しか扱ってこなかったんだから，そうでない，ネガティブな感情等も扱ったのがこれですというのは示さなければいけないでしょう。あるいは嫉妬とか，そういうドロドロしたものまで。

尾川………　それはすごく大事だと思います。たとえば第5章も，キャリア・アンカーと言うと職業選択のためのものみたいに思われがちですが，実際に第5章を読むと，キャリア・アンカーを作る際の父親との葛藤とかが出てくるんです。個人的なベースで，自分の中のセルフ・イメージというのはかなり感情に関係がありますから。その点で，今までのような平板な心理的契約とリアリティ・ショックというフレーム・ワークよりは深いと思います。

　シャインは，この点を自分だけでは書けないから，タヴィストック・センターとユング研究所の人間を招聘したのでしょう。そのうえで，それをヘルピングとプロセス・コンサルテーションに接続して，感情のシステムとか感情とかが連動したキャリア・アンカーとかを作りたかったのでしょう。

稲葉………… その点は,まとめを投げちゃっていますね難しいところで,まだ完全にまとまっているとはいえない状態です。

尾川………… そもそもレヴィンとビオンの試みもうまくいかなかったし,エリオット・ジャックスの感情経営モノグラフ・シリーズも正当に評価されていないわけで,なかなか難しいところなんでしょうね。イヴォンヌ・アガザリアンが *The Visible and Invisible Group: Two Perspectives on Group Psychotherapy and Group Process* (Karnac Books, 1995:『見えるグループと見えないグループ(仮)』プロセス・コンサルテーション,近刊)や *Systems-Centerd Therapy for Groups* の中で,そうした統合を試みていますが,臨床にとどまり組織へは踏みこんでいません。せいぜいイヴォンヌと友人のサンドラ・ジャノフがOD(フューチャーサーチ)の中にイヴォンヌのSCT (systems-centered therapy for group) を引用しているくらいのものです(M・ワイスボード,S・ジャノフ著『会議のリーダーが知っておくべき10の原則』金井壽宏監訳,英知出版,2012)。

あと,第3〜4章のプロセス・コンサルテーションのハウ・ツーというのは,また別の話題ですね。

稲葉………… そうですね。そこではクリニカル・アプローチで事例を示しているといえるでしょう。

尾川………… まとめると,クリニカル・アプローチで,プロセス・コンサルテーションとヘルピングの臨床的な危機介入モデルを示しているというのが1つと,組織の中での個人的エモーションを扱おうとして道半ばという,2点になりますでしょうか。

稲葉………… 結局はヘルピングするときになったら,感情の問題も避けて通れないですしね。ヘルピングを求めているような人は,何かしらドロドロの感情になっていることも多いでしょうから。

尾川………… だから,キャリアの再設計をするにしても,父親や母親との関係のような過去のトラウマ体験まで加味しないと適切な対応ができないというわけですね。

それにしても，70〜80代の年齢でこの内容に取り組むというのは，凄いですね。本来クルト・レヴィンがもう少し生きていれば，もっと進んでいたんでしょうが……。

あとは，この本は総じて極めてヨーロッパ的アプローチですね。シャインは元々アメリカの人じゃないから……アメリカ人だったらこういうのをやってみようとは思わないでしょう。

稲葉………… やらないでしょうね。第2章のジョン・ストークス（フロイト派）も，とてもイギリス的な考え方ですよね。アメリカ人ならこんなにネチネチとした感情は扱わないでしょうね。嫌いだったらスパッと終わりにするでしょうし。

尾川………… 同感です。第5章のスティーブンソン・ボンド（ユング派）も長らくドイツに留学されていた方ですし，とくに第2章と第5章は非常にヨーロッパ的ですね。ボンドさんはヴァンダービルド大学の神学研究科のご出身ですし。

それにしても，感情を扱っている第2章・第5章と，第3章・第4章のプロセス・コンサルテーションのハウ・ツーと，内容に幅がありすぎますね。

木村………… 第3章も，トヨタの中に感情があるという点でアプローチしているわけですよね。トヨタというのは，とくに感情の強い組織だと思いますので，そういうところでやったというのは分かりやすい話だと思います。

尾川………… トヨタのある人が，自分たちは宗教結社だと言っていたのを思い出します。

まったくその通りで，プロセス・コンサルテーションやヘルピングをする前提として，人間として組織化されていないといけないんです。その教化（indoctrination）というところに感情というものがすごく関係するという点が「洗脳」ではふれているのに，シャインの『組織文化とリーダーシップ』（シャイン著，清水紀彦・浜田幸雄訳，ダイヤモンド社，1989）では抜けてしまっているので，それを何とか入れなくてはいけないと思います。

木村………… 組織文化や組織改革でよく言われることですが，会社は成功実績

があると変わりづらいという話があります。どの組織にも感情というものはありますが，トヨタや一時期のソニーのように，感情というものは強化されます。

尾川………なるほど。それは家族療法でも同じで，境界操作，バウンダリー・コントロールというものは，まさに感情操作をシステミック・アプローチで述べたのと同じですね。ただ，社会的防衛機制という言葉自体が，日本語としてまったく定着していないような気がするのですが，どうでしょうか。社会的防衛機制，すなわち組織の感情のシステムという考え方自体が。皆そういう文献を読んでいないかな……。

木村………組織としての感情という考え方は日本ではまだあまり普及していませんね。

尾川………感情心理学会というのがありますが，システミックなアプローチはやっているんでしょうか。対象が個人になっちゃうんでしょうね，オルポートとかユング派とか方法論的個人主義のような。

稲葉………組織レベルだったら，ベクトルは同じ方向じゃないのでしょうか。トヨタのケースでも感情はまったくないわけではないですが，表立ってないのは，ベクトルが対立していないからかもしれません。トヨタのケースではとっくにその段階は済んでベクトルが同じ方向を向いているから，感情がそんなに目立たないんだと思います。感情がないわけではありませんが。

尾川………つまり，家族にしろシステムにしろ，同じ方向に教化されていれば感情は出てこないけれど，Resistance to Change——変化への抵抗というときにボンッと出てくるんではないでしょうか。そういうときに難しいのは，それゆえに感情を扱ってはいけないわけで，非常に上手にやらなければならない。そこがホール・システム・アプローチにおけるODの難しいところで，感情を扱わずに感情を扱わなくてはならない。そこがソシオ・テック学派の本当に言いたかったことですが，今ひとつうまく伝わっていない部分だと思います。ホーソン実験とソシオ・テックの一番違うところは，感情を強調して扱っているということですから。

稲葉………次元としては、表面化させるかどうかを考えるとき、結果しか見なければ別に感情はいらないんです。第3、第4章は結果に注目をしているので、感情はどうでもよいと言うことができる。それに対して第2章と第5章はプロセス重視なので感情を扱っている、と。

尾川………それは臨床心理学の根本問題で、抵抗を分析して洞察して、プロセスにおける徹底操作を行うか否か、共感だけして対決を緩和し結果を重視するかというのは、とても根本的な問いなんです。ロジャースとフロイトの対立もまさにそこにあるくらいで。

稲葉………そう簡単に解決できる問題ではないから未だに残っているんでしょうね。エド・シャインでさえ扱いあぐねているくらいなので。でも、どこで困っているのかというと、そこ（感情）が困っているところなんですよね。

尾川………エリオット・ジャックスらの経営精神分析の人々は、感情が最終的に物事を決定するとはっきり言っています。そこは、コンティンジェンシー理論にはまったく欠けているところですね。

　家族機能研究所の齊藤学さんに聞いたら、フロイトの「投影」という言葉自体がドイツ語から訳すときの翻訳ミスだそうです。あれは異質社会の中で、患者の感情の核をつつくとまずいということで出てきた考えで、本来、「その人の後ろにあるもの」という意味らしいね。

　タイラー・ジャクソンという私のアメリカ人の友人に「何でアメリカ人って"Hello. How are you?"って言うの？　何で否定的なことを言わないの？なぜいつも"I'm fine."なの？」と聞いたら、「だってそうしておかないと、後で拳銃（＝感情）が出てきたらまずいから」と言うんです。

稲葉………日本だとその点は、甘えてられますよね。人間なんだから感情がないわけじゃない。ただ、それを外に出すどうかというのは結局、結果を重視するか、プロセスを重視するかというころになるのだけれど、日本だといつもプロセス重視ですから。

尾川………この本（＝異質社会での感情論）と『甘えの構造』（＝同質社会での感情論）（土居健郎著、弘文堂、1971）を読めば、違いがよりはっきり

してくるんじゃないでしょうか。あれは，彼がメニンガー・クリニックに行って，アメリカ人の感情のもち方に驚いて，逆に日本人の感情とは何かと改めて考えたというものですから。

　しかし，これって皆分かるのでしょうか。フロイトが一番やりたいのは感情のことだということを。防衛機制は，感情をシステム的に捉えようとしているんだ。それは感情を直接触るとまずいからだ，というのは，日本人には分かりにくいじゃないんでしょうか。

木村………… そうかもしれません。ただ，組織や集団にはそれぞれいろいろな感情があるというのは，誰でもイメージできるとは思いますので，話としては抵抗ないでしょう。日本ということを考えると，最近相手の感情が分からなくなったということは聞きますよね，社員同士。昔は阿吽の呼吸でよく分かったと。これは実は虚構だったのではないかと思うんです。本当に分かっていたのかというと，分かっているふりをして，何も問題ないからそのままやってきたのでしょう。感情のマネジメントというのは，やらなくてもできていたというんですが，実際にはできていなかった，と。

尾川………… 土居健郎先生がICUの教授時代に正にそういうことを仰ってました。今までの日本は背中と背中をくっつけてやってきただけで，一緒にいると思い込んでいたけれど，最近，面と向かって対峙した瞬間にバンッとなってしまうことが問題になっていると。

木村………… 感情というと，日本の風土等の影響もあって，コミュニケーションでつながるというイメージなんでしょうが，実はその問題は元々できていなかったということだと思います。それもひとつの甘えなんでしょうね。同質的集団だから何となくやってできてきたというけれど，同質的に見えても中は本当は違いますよね。皆同質だと思ってやってきて，そんなに綻びがでなかったから済んでしまっていただけで。

尾川………… いい指摘ですね。アメリカもそうですよ。ヒューレット・パッカードという同質的な社会で，イノベーションが止まってしまったからどうしようというのが問題になっているから。イノベーションを起こす「感情」と

いうものは，すごく大事なんです。

　ひとつ不安なのは，これはとても高度な議論で，普通の人は感情をロジャース的に捉えていて，「共感」のような同質的なものや，そこから起こる共依存（義理と人情の板挟み）が感情であると捉えるのが，一般的なイメージだということです。ここでは，フロイトの防衛機制の分析のように，異質的な対象をシステム的に捉えているのですが，これが理解されるかどうか……。

木村…………「感情」という言葉が，文脈でどう捉えられるか分かりませんが……。難しいのは，「意思」と「感情と」いう言葉の使い方です。意思と感情とはどう違うのか？　感情があって意思がある。意思があって感情がある。どちらも成立するのです……。

尾川………… それはすごく大事な議論で，キャリア・アンカーという感情的側面はその辺りの話のようです。キャリア・アンカーとは，無意識と意識のある前意識辺りの，セルフ・イメージでもないし，自分の原型でもなくて，親からの防衛機制から分離個体化し，自分独自のセルフ・イメージを確立するのを助ける意志的側面のものだという議論を思いだします。

木村………… 基本的に会社というものは，戦略を立てることから，切手を封筒のどこに貼るかまで，さまざまな意思決定で成り立っています。古典的な意思決定論は，意思決定は合理的に行われるべきだという考え方でした。もう少し新しいものとして，ハーバート・サイモンが，経済合理性には限界があり「満足のできる決定」が重要であるとしました。その後70年代に入ると，アリソンらによって「政治的意思決定」ということが言われるようになります。合理性や満足度とは別に，個人にはやりたいことがあるということです。先程の話で，結局，最終決定は感情によるという話と同じなのですが。この「政治」という言葉は──社内政治といわれるものですが──非常に広い意味をもっています。人間は，自己奉仕的な意思で物事を決めていく。そういうもので組織の行動が成り立っています。そういった意思決定行動には，必ず意思や感情，自分の損得といったものが関わってきます。場合によっては，自分は我慢して相手を立てた方が将来的に自分が得をするな，という判断を

するかもしれません。結局はそういうものの積み重ねでしかないのに，何となく合理的に見えたりして，それでたまたま会社が儲かれば合理性で成功したということになるし，失敗したときは経済合理的に行動しなかったからだという話になるだけなんです。

尾川………… まったく同感です。そもそもダグラス・マクレガーが言いたかったXY理論の根本のひとつにあるのも，そういった経済と政治のトレード・オフですよね。すなわち，クリス・アージリスのいうX理論のグループの管理者層とY理論のグループの従業員（ブルーカラー）との間の。

木村………… 第5章について，シャイン先生の中心度の話ですが，最近の研究でリーダー・メンバー・交換関係というのがあります。リーダーとフォロワーとの間に，よい交換関係があれば，よい関係性が作れる，「身内」になれるという話です。先程の話でいうと，自分でやりたい仕事があったり昇進したいという感情があれば，いかに身内（中心）に近づいていくかという視点で意思決定をするようになります。そういう考え方をする人たちがいると，結果として組織は合理的には動かなくなり，感情で動くようになります。コンサルタントのような第三者が見たときに，どうしてこの人はこう動いているのか，なぜこのことに反対するのかといったことを感じますが，そこには組織全体の感情や部門・部署，そして個人の感情が関わっているのです。ですから，それが何によって生まれているかを考えなければなりません。

尾川………… そのようにインサイド→アウトサイドやアウトサイド→インサイドができない層が，組織的に誤謬をもたらしているけれど，分かっていてもなかなか止められない。それを何とかするためには，関係性的アプローチが必要で，属人的に終身雇用の崩壊を云々するよりも，雇用をもっと相対的に捉えて，プロティアン・キャリアへ向かわなければならない。……という関係性的アプローチの議論は，普通の読者には高度すぎるような気もします，私は好きなんですが。

木村………… こういった話は，今の時代だからということではなくて，組織にずっと内在する問題だと思います。人間が集まって何らかの儲けがでるよう

な仕事をすれば，こういうことは起こるのです。

尾川………… 今までずっと話しているシステムとしての感情の問題って，日本語で言うと何になるんでしょう。ピタッとくるものがなかなかないですよね。関係性的アプローチ（relational approach）では，何か日本語ではない感じですし。これは，レヴィン，マクレガー，シャイン，ダグラス・T・ホール（シャインの弟子。*The Career is Dead* の著者でボストン大学教授）といったMITの人たちがずっと扱ってきた問題ですよね。個人じゃなくてシステム，すなわち人間と人間のインタラクション，あるいはMITメディア・ラボ（人間と機械のインタラクション）の中の感情へゲモニーなんだというのが，MITの伝統的な考え方の1つになっている。

こうしたインターフェースを表す，何か良い日本語はないのでしょうかね。「自分の感情」ではなく「僕らの感情」という……。

個々人ではどうにもならないものです。戦前には「江田島精神」という言葉がありましたね。

ちゃんと組織にお勤めしたことがある人なら皆分かってるんですよね。こういう決定というのはできないんだ，ということとか。皆ダメだと分かっているときでも，ノーと言えないんですよね。

木村………… 誰も賛成していないんだけど，会議で案が通る，というようなことですね。——大学の教授会で見られそうな光景です。（笑）

尾川………… 新学校や新部署の設置のときのようなイノベーションの会議の最終決定って，皆なかなか決められなくって，振り返ると何であんな馬鹿な決定をしたんだということは珍しくないと思います。結局，人身御供のように誰かが責任を取るんだけれども。

酒井………… 私の勤めていたリクルートはあまりそういう（感情の）面は強くなかったので……。

尾川………… そういう意味では，リクルートや京セラ，野村証券なんかはアメリカ的なのかな。

酒井………… とはいえ，（リクルート出身の）大沢武志さんが『心理学的経営論』

(『心理学的経営論——個をあるがままに生かす』PHP出版，1993）という本を書いておられますし，感情とか心理は扱ってはいるんだと思いますが。

稲葉………… それはよくあるグループ戦略・シンクの範疇なので，アメリカでもしょっちゅう聞く話です。ただ，グループ戦略・シンクで問題になるのは，感情の表出というより，意見の表出ができないということですよね。（感情のように）ドロドロしているものは素直に出てこない。

尾川………… 今日のディスカッションここまできた段階で，ここ1週間もう一度クルト・レヴィンを読んでみた感想を述べますと，こういう，行動で分析するわけでもなく，合理的な認知で分析するわけでもない，わけの分からないゴチャゴチャを彼はフィールド・セオリー（力場）と呼んだんです。これは磁力のように捉える方がふさわしくて，どのような磁場をキャリアとして通ってきたかというのが大事だ，というのがレヴィンの言いたいことだと思うんです。

木村………… レヴィンは，人間というのは客観的現実には反応しない，主観的知覚に反応するんだと言っていますが，組織行動論で広く受け入れられているこの考えも，日本の人事管理の研究者はいまだにあまり浸透していないように思えます。

尾川………… あれは何で受け入れられないんでしょうね。

木村………… 新しいことを言っているわけではないのですけどね。

尾川………… 状況論だと状況のインターフェースとか，合理的なものだけでは決定は行われないということを言っていますよね。ITはなぜ環境を変えないのかとか。とくに人工知能，とりわけボイス・リコグニション（音声認識）において，何を言っているのかという判断はアフォーダンスを入れないとダメだというのは常識になってるんですが。

木村………… 日本の一部の労使関係研究・人事管理研究は労働経済学をベースにしていて——とは言えそれを本格的に研究している人は少ないのですが——非常に単純な古典的経済学の想定をしています。自然に任せておけば均衡点にいくだろうという発想で，知覚で誤解を重ねても，最終的には正しい

ところに辿り着くだろうと。つまり，主観的知覚で誤解したようなものは，次第に除外されていくだろうという発想がおそらく根底にあるので，最終的には客観的現実で決まるという考え方をしているんだと思います。

尾川………… つまり，生産関係調整のモデルでは，マルクス経済学のゲオルグ・ルカーチが言っているコミュニケーション論の交渉上の地歩の問題なんかは排除してしまっているということですね。

稲葉………… 新しい経済学はそういう想定をしていないので，主観的知覚というのを重視すると思いますが。

尾川………… 社会構成体としてのインターフェース，組織的感情面という考え方を心理的契約の中に入れないと，主観的現実には届かないので，解雇・離職をどう支援するかという人事施策だけでは不十分で，内省のための心理的安息地を組織の中に作ること必要なんだ，という議論はなかなか出てこないものですよね。

　ミクロのキャリアやマクロの組織文化に，インターパーソナル・ダイナミクス的な視点を取り入れることが，システムとしての感情──内在化を外在化がセットになった感情を考えることになるんです。そうでないと，客観的現実のみか自己啓発のみに留まってしまい，却って　阻害につながることになりますから。

　これ全部をコンパクトに1つの副題にするのは，なかなかの難題ですね。

稲葉………… 組織感情を扱い，クリニカルなアプローチを行っていること，それをそのまま並べては固くるしいテーマになってしまうので，それを市井の人々が興味をもてるタイトルで。

尾川………… それにしても，こういうことの仮説設定にここまで時間をかけるシャイン先生はすごいですね。後世に問うて死ぬ，というのは学者魂を感じますね。

　こういったことを扱うのに，本書のメンバーはマクロ・ミクロ・臨床の布陣で，ちょうどバランスが取れていいんじゃないかと思います。

参考文献

Bond, D. Stephenson, *Living Myth: Personal Meaning as a Way of Life*. Boston, Shambhala Publishers, 1992.

Bond, D. Stephenson, *The Archetype of Renewal*. Tronto: Inner City Books, 2003.

Calof, David. L., and Simons, Robin, *The Couple Who Became Each Other and Other Tales of Healing from a Leading Hypnotherapist*. New York: Bantam Books, 1996.

Calof, David. L., and LeLoo, Mary, *Multiple Personality and Dissociation: Understanding Incest, Abuse, and MPD*. Center City, MN: Hazeldon, 1993.

Damascio, A., *The Feeling of What Happens*. London: William Heinemann, 1999.

Kuttner, Robert, *Everything for Sale: The Virtues and Limits of Markets*. Chicago: University of Chicago Press, 1996.

Schein, Edger H., *Career Dynamics: Matching Individual and Organizational Needs*. Reading, MA: Addison-Wesley Publishing Co., 1978.（『キャリア・ダイナミクス』二村敏子・三善勝代訳，白桃書房，1991）

Schein, Edger H., *The Corporate Culture Survival Guide*. New York: Jossey-Bass, 1999.（『企業文化―生き残りの指針』金井壽宏監訳，尾川丈一・片山佳代子訳，白桃書房，2004）

Schein, Edger H., *Helping: How to Offer, Give, and Receive Help*. San Francisco: Berrett-Koehler Publishers, Inc., 2009.（『人を助けるとはどういうことか―本当の「協力関係」をつくる７つの原則―』金井壽宏監訳，金井真弓訳，英治出版，2009）

Stokes, J., "The Unconscious at Work: Teams, Groups and Organizations and Organizational Chaos and Personal Stress" in A. Obholzer and V. Roberts (eds.), *The Unconscious at Work*. London: Routledge, 1994.

Stokes, J., "Why do we Work?" in D. Taylor (ed.), *Hearts and Minds*. London: Duckworths, 1999.

Walter, John L. and Peller, Jane E., *Becoming Solution-Focused in Brief Therapy*. New York: Brunner/Mazel Publishing, Inc., 1992.

索　引

人名

アガザリアン, Y.　146
稲葉祐之　140, 142
稲葉元吉　i, 140, 142
エリクソン, M. H.　ii, iv
大沢武志　153
尾川丈一　i, iii, 8, 32, 37, 43, 90, 140, 142
金井壽宏　iii, 140, 141, 144
ギアツ, C.　142
木村琢磨　i, 140
ケイロフ, D. L.　iv, 9, 46, 89, 90
ザイトリン, H. M.　iv, 8, 32, 90, 96, 131
酒井輝彦　140
サリバン, H. S.　ii, 95
シャイン, E. H.　iii, 1, 39, 77, 79, 80, 92, 140, 141, 144, 145, 147, 149, 152, 153
ジャックス, E.　11, 143, 145, 146, 149
ストークス, J.　iii, 8, 10, 90, 91, 92, 142, 143, 147
土居健郎　149, 150
ビオン, W. R.　93, 142, 143, 146
フロイト, S.　i, ii, 69, 70, 71, 76, 95, 147, 149, 150
ベックハード, R.　121, 137
ホール, D. T.　153
ホワイト, M.　129
ボンド, D. S.　iv, 9, 67, 90, 147
マグレガー, D.　53, 152, 153
ユング, C. G.　i, ii, 72, 73, 75, 95, 147, 148
レヴィン, K.　9, 95, 141, 142, 143, 146, 153, 154

事項

数字・欧字

360度フィードバック　5, 6

ACT（assertive community treatment）137
autonomy　103
conjoint therapy　137
DECの興亡　140
IP　129, 135
JIT　33, 34
MIT　142, 153
MRI　32, 39, 41
ORJIサイクル　123
Pure Humble Inquiry　98, 100
TQM（total quality management）144
Tグループ　144
QCサークル　40, 144
X理論　53, 54
XY理論　152
Y理論　53

あ

相性　25
愛着対象形成体験　48
アイデンティティ　53
アウトリーチ　101, 137
アセスメント　38, 40, 42
アフォーダンス　154
甘えの構造　149

い

医師　3
意識的感情　13, 15, 21, 22, 26, 27, 29, 30
依存性　85

157

一次的変化　39, 65
一般システム理論　46, 48
イノベーション　43, 150, 153
インター・パーソナル・ダイナミクス　155
インターフェース　153, 154, 155
インタラクション　153

う
ウィリアム・アランソン・ホワイト研究所　iii
迂回的保護関係　58

え
エスノグラファー　86
エスノグラフィック・メソッド　140
エンパワーメント　54

お
オルタナティブストーリー　131

か
解決志向型セラピー　38
外向的感覚機能　73
外向的直観機能　74
改善（Kaizen）　40
外的なキャリア活動　78
介入　6, 7, 8, 9, 83, 84, 87, 93
介入的な態度　84
開発課題　78
外発的要求　67
外部プロセス・コンサルタント　98
家族経営　47
家族構造　56
家族システム　46
家族システム療法　9
家族療法　i, 46, 47, 48, 65, 97, 98, 130, 136, 148
家畜猫　55
関係性　35, 41, 49, 56, 70, 152
看護師　3
感情　119, 123, 124, 125
感情機能　73
感情状態　91, 92
感情生活　69, 71
感情操作　148
感情（的）経験　20, 21, 23, 26
感情的能力　20
感情的反応　18
感情的プロセス　26, 30
感情風土　12
感情労働　10

き
危機介入　146
企業文化（コーポレートカルチャー）　35, 36, 37, 39, 43, 99, 101, 115, 116, 118, 119, 122, 127, 141, 142
機能性，俊敏性（agility）　123
機能不全　50, 75, 76, 88
基本的想定　39, 99, 141, 142, 143
虐待家族　60
キャリア　67, 68, 69, 76, 77, 80, 82, 83, 140, 146, 155
キャリア・アンカー　9, 80, 81, 96, 97, 99, 100, 102, 103, 104, 105, 106, 107, 108, 109, 110, 111, 112, 113, 114, 121, 128, 144, 145, 151
キャリア開発　78, 81, 108, 110, 114, 118
キャリア・カウンセラー　96, 112
キャリア・サイクル　78, 79
キャリア・サバイバル　144
キャリア・ステージ　68, 81
キャリア・ダイナミクス　77, 80, 101

キャリア中期の危機　80
共依存　116
教化　143, 147, 148
境界線　49, 62
境界操作　148
共感　26, 53, 151

く
クリニカル・アプローチ　146
グループ・ダイナミクス　137, 142, 143
グローバル　33, 36, 42

け
劇場　142
元型　97, 100, 110

こ
公式的コミュニケーション　42
工場長　37
固体化の原理　101, 137
コーチング　7
コーポレート・アンカー　99, 114, 121
コミットメント　99, 101, 137
コンティンジェンシー理論　149
コンテクスト　126

さ
再構築　89
サーキュラーインタビュー　129, 130
作業仮説　29
参与観察者　86, 119

し
支援　1, 2, 3, 4, 5, 6, 7, 84, 86, 87, 95
支援者　3
シグナル　16, 20
自己　94

自己緩和　49
事前アセスメント　141
ジャガー　36
社会化　5, 81
社会的防衛機制　93, 143, 148
ジャスト・イン・タイム（JIT）　33
終身雇用　96, 97, 100, 103, 106
集団精神力動　16
集団精神療法　93, 143
集団的ダイナミクス　29
集団防衛　29
職務満足（度）　69, 79
初発患者　60
シングル・ループ学習理論　65
診断　8, 9, 83, 84, 85, 86
診断アプローチ　86
診断情報　87
診断的介入　85, 87
診断的な態度　84
診断プロセス　87, 94
人的資源　77
心理的安息地　155
心理的契約　80, 81, 137, 145, 155
心理的樹形図　56, 57

す
スケープゴート　61
ストレッチアサインメント　109

せ
生活構造　35, 82, 94
生活惰性　77
政治的意思決定　151
精神分析　9, 13, 38, 46, 48, 85, 91, 94, 143
生態学　30
セルフ・イメージ　145

洗脳　102, 104, 116

そ──────────
相互作用　37, 39, 47, 48, 49, 54, 56, 77, 141
側面的支援　101, 137
ソシオ・テック学派　145, 148
組織改革　147
組織開発（OD）　9, 46, 47, 97, 101, 144
組織感情　155
組織心理学　46, 141
組織セラピー　i, 95
組織の感情的側面　12, 14
組織文化　8, 51, 52, 75, 86, 118, 142, 147, 155
組織変革　22, 124
ソーシャル・モビリティ　112
ソーシャルワーカー　3

た──────────
体系的短期療法　32
対決的姿勢　98, 100, 133, 135, 137
タヴィストック　142, 143
タヴィストック・クリニック　iii
タヴィストック・センター　142, 145
多職種協業　97
タスク・リーダー　42
ダブル・ループ学習理論　65
短期心理療法　9
短期療法　90
弾性　20

ち──────────
チバガイギー　120
中心度　118, 122, 143, 152
中年期　75
中年期キャリアの危機　79

治療　84, 85
治療的介入　90

て──────────
テクニカル・ファンクショナル・アンカー　104

と──────────
動機（モーティブ）　53, 108
動的緊張　18
トヨタ　32, 33, 34, 35, 36, 37, 43, 144, 147, 148

な──────────
内向的思考機能　73
内的キャリア　78
内発的要求　67

に──────────
二次的変化　39, 65, 66
日本電装　36, 37
認知症　97

の──────────
能力（コンピタンシー）　108
ノバルティス　120

は──────────
バウンダリーコントロール　148
パーソナリティ　15, 69, 70, 71, 72, 74, 77, 80, 81, 82
発達サイクル　73, 77
場の心理学　141
バリュー（価値）　108
バーンアウト　74
反応　16, 19, 20

索 引

ひ
ピア・グループ　42
ピア・ミーティング　40
非公式組織　145
非公式的なコミュニケーション　42
非自己　94
一皮むけた経験　108
ヒューレット・パッカード　150
表出　16, 18, 20
広瀬工場　37

ふ
ファシリテーター　84
フィールド・セオリー（力場）　154
風土　10
複雑人　128
普遍的元型　94
プラトー　76
ブリーフ企業セラピー（短期企業療法）　40
ブリーフ・セラピー　32, 38, 41, 43, 143, 144
プロクター＆ギャンブル社　138
プロセス・コンサルタント　ii, 4, 6, 8, 49
プロセス・コンサルテーション　i, iii, 1, 3, 4, 84, 85, 86, 87, 94, 143, 144, 145, 146, 147
プロティアン・キャリア　152
プロテジェ　79
文化人類学　119
分離個体化　137, 151

へ
ペルソナ　70
ヘルピング　145, 146, 147
変化を目的とした介入　87
弁護士　3

ほ
防衛機制　144, 150, 151
法人　121
訪問診療　96, 97, 98
牧師　3
ホーソン効果　65
ホーソン実験　148
ホール・システム・アプローチ　138, 144, 148
ボルボ　36

ま
マイノリティ　50, 54
マッチング機能　99, 110, 111, 114, 129
マネージリアル・キャリア・アンカー　106, 107
慢性症状　97

み
見えるグループと見えないグループ　146
未成熟（immaturity）　122

む
無意識　17, 39, 93, 94
無意識的　86

め
メタ思考　75
メタ省察　58
メタ変化　66
メニンガー・クリニック　150
メンタリング　75, 77, 80

メンタル・リサーチ研究所（MRI）　32

も
モチベーション　11, 53, 145

や
役割　3, 4, 6, 11, 15

ゆ
ユーティリゼーション　43
ユニークアウトカム　130
ユング研究所　iv, 145

ら
来談者中心療法　137
ライフイベント　56
ライフサイクル　9, 82
ライフ・ステージ　68
ラポール　43

り
リアリティ・ショック　145
リエンジニアリング　44

リーダーシップ　10, 11, 12, 15, 46, 52, 55
リーダー・メンバー・交換関係　152
リフレクティング・チーム　130, 131, 133, 134
リフレーミング　28
リレーショナル・コーディネーション　97
臨時タスクフォース　64
臨床経営心理学　144

る
ルーキー　40, 42

れ
レーバーモビリティ　112, 114

ろ
労働の人間化　137

わ
ワーキング・グループ　42, 48, 53
ワールド・カフェ　138

著者・訳者略歴

著者略歴

Edgar H. Schein：第1章＆第6章担当

1947年 シカゴ大学社会学部卒業（アービン・ゴフマンに師事）
1949年 スタンフォード大学大学院社会心理学研究科修士課程修了（ハリー・ヘルソンに師事）
1952年 ハーバード大学大学院社会関係研究科博士課程修了（ゴードン・オルポートに師事）
William Alanson White Institute（NYネオ・フロイト派社会精神分析研究所）Post-Doctoral Program修了（フリーダ・フロム-ライヒマン（Frieda Fromm-Reichmann）に教育分析を受ける）。
NTL（National Training Laboratory）で，T-グループに，ウォレン・ベニスと初期から関与。
クルト・レビン（MIT Group Dynamics Research Center）やダグラス・マクレガー（MIT Sloan School，学部長），リチャード・ベックハード（MIT Sloan School，特任教授）から強い影響を受け，Addison-WesleyのOD Seriesの監修者の一人となる。
人間と人間のインターフェースとして，「組織心理学」という新しいパラダイムを提示。また，人間と機械のインターフェースの提唱者。ニコラス・ネグロポンテ（MIT Media Lab所長）とは，昵懇の間柄である。
現在，MIT Sloan School Professor Emeritus

[著書]（邦訳されたものに限る）：
『新しい人間管理と問題解決』（稲葉元吉＆稲葉祐之訳，産業大学出版部，1993年）
『キャリア・アンカー』（金井壽宏訳，白桃書房，2003年）
『キャリア・サバイバル』（金井壽宏訳，白桃書房，2003年）
『企業文化―生き残りの指針』（金井壽宏監訳，尾川丈一・片山佳代子訳，白桃書房，2004年）
『プロセス・コンサルテーション』（稲葉元吉監訳，尾川丈一訳，白桃書房，2002年）
『DECの興亡』（監修：稲葉元吉＆尾川丈一訳，亀田ブックサービス，2007年）
『組織セラピー』（監修：尾川丈一＆稲葉祐之＆木村琢磨訳，白桃書房，2013年）
『キャリア・アンカー：セルフ・アセスメント』（金井壽宏・高橋潔訳，白桃書房，2009年）
『T-グループの実際：人間と組織の変革Ⅰ』『T-グループの理論：人間と組織の変革Ⅱ』
　（共著：伊藤博訳，岩崎学術出版，1969年）
『キャリア・ダイナミクス』（二村敏子・三善勝代訳，白桃書房，1991年）
『組織心理学』（松井賚夫訳，岩波書店，1966年）
『人を助けるとはどういうことか』金井壽宏監訳，金井真弓訳，英治出版，2009年）
『組織文化とリーダーシップ』（梅津祐良・横山哲夫訳，白桃書房，2012年）

『アジソン-ウェズレイ・OD シリーズ：第 2 巻：職場ぐるみ訓練の進め方』（高橋達男訳，産業能率短期大学出版部，1972）
『リーダーシップ』（共著：高橋達男訳，産業能率短期大学出版部，1967）

Jon Stokes：第 2 章担当

1975 年英国オックスフォード大学大学院心理学研究科修了
英国勅許臨床心理士を取得
1982 年タヴィストック・クリニック（英国王立精神分析研究所）にてフロイト派精神分析家の資格を取得
現在，オックスフォード・セイドサイード・ビジネススクール客員教授
タヴィストック・センター・コンサルテーション部部長
STOKES & JOLLY, CEO

［著書］
The Psychodynamics of Teams and Organizational Stress in the Unconscious Work（Routledge, 1994）
Why Do We Work in Talking Cure（Duckworths, 1999）

Hillel M. Zeitlin：第 3 章担当

1977 年シラキュース大学大学院社会福祉研究科修了
米国 PSW（精神保健福祉士）取得
イスラエルに留学しユダヤ教の祭司（ラビ）の資格を取得
ミルトン・H・エリクソン財団ボルティモア支部長

［著書］
『ミルトン・エリクソン言行録：第 2 巻：ライフ・リフレイミング』亀田ブックサービス，2011 年（邦訳）
『ヒレル・ザイトリン博士のインナー・クワイア——内なる声援隊：自分自身のポジティブな側面だけにフォーカスー』（ヴォイス，2012）

Joichi Ogawa(尾川丈一)：第 3 章担当

1982 年慶應義塾大学経済学部卒業
1986 年慶應義塾大学文学部卒業
1993 年慶應義塾大学大学院社会学研究科後期博士課程（所定単位取得退学）
2009 年神戸大学大学院経営学研究科後期博士課程（所定単位取得退学）
1991 年 9 月-1992 年 8 月スタンフォード大学医学研究科行動科学教室：MRI（Mental Research Institute）リサーチ・フェロー
2003 年 9 月-2005 年 8 月 William Alanson White Institute（NY ネオ・フロイト派社会精神分析研究所）Post-Doctoral Program 修了

福岡県立大学人間社会学部専任講師を経て,
國學院大學専門職大学院法務研究科法務職専攻
Stanford University, Clark Center, Bio-Robotics Institute, Visiting Scientist
Process Consultation, Inc., CEO

［著書］
『イマージェント・リーダー』（亀田ブックサービス，2010）
『ブリーフセラピー入門』（分担執筆：金剛出版，1994）
『解決志向ブリーフセラピーの実際』（分担執筆：金剛出版，1997）
『心理療法入門』（分担執筆：金子書房，1993）
『マルチメディア社会システムの諸相』（日科技連出版社，1997）
The Organizational Therapy（Alternative Views Publishing, 2009）

David L. Calof：第4章担当

1949年生まれ
2005年 Saybrook Graduate School and Research Center より名誉博士号取得
AAA（アメリカ心理学会）から International Scientist of the Year（2004）を受賞。
ミルトン・H・エリクソンから直接学んだ数少ないセラピストの一人。
Family Enrich Center of Seattle で，40年の臨床経験を持つ。
アメリカ，カナダ，イギリス，フランス，ドイツ，オーストラリア，メキシコ，タヒチ，そして日本の教育機関，職業団体，病院，精神衛生センター，社会福祉機関でコンサルテーションを行う。

［著書］
The Couple Who Became Each Other（Behavioral Science Book Service in 1997）
Multiple Personality and Dissociation（Hazeldon, 1993）

D. Stephenson Bond：第5章担当

1981年バンダービルド神学大学院神学研究科修了
ドイツのボン大学に留学し，キリスト教プロテスタント：バプテスト派牧師の資格を取得
1997年ボストン・ユング研究所で，ユング派分析家の資格を取得
現在，ボストン・ユング研究所専任講師
Alternative Views Publishing, CEO

［著書］
Living Myth: Personal Meaning As a Way of Life（Shambhala, 2001）
The Archetype of Renewal（Inner City, 2003）
Healing Lily（Alternative Views Publishing, 2010）

訳者略歴

稲葉祐之（いなば　ゆうし）

2003年　ケンブリッジ大学大学院ジャッジ・ビジネススクール博士課程修了
　　　　Ph. D.（Management Studies）
現　在　国際基督教大学教養学部上級准教授
著訳書　*Japan's New Local Industry Creation: Joint Entrepreneurship, Inter-organizational Collaboration, and Regional Regeneration* (Alternative Views Publishing, 2009)
　　　　「イノベーションと都市ビジネスの高度化：なぜ大坂は『天下の台所』になったのか」（分担執筆：『大阪新生へのビジネス・イノベーション：大阪モデル構築への提言』第6章，ミネルヴァ書房，2009）
　　　　『キャリアで語る経営組織：個人の論理と組織の論理』（共著：有斐閣，2010）
　　　　『新しい人間管理と問題解決：プロセス・コンサルテーションが組織を変える』（共訳：産能大学出版部，1993）

木村琢磨（きむら　たくま）

現　在　法政大学キャリアデザイン学部准教授
　　　　民間企業勤務を経て，
2009年　東京大学大学院経済学研究科博士課程修了
2009年　法政大学キャリアデザイン学部専任講師
著書・論文　『戦略的人的資源管理』（泉文堂，2010）
　　　　『賃金・人事制度改革の軌跡』（分担執筆：ミネルヴァ書房）
　　　　"The Moderating Effects of Political Skill and Leader-Member Exchange on the Relationship between Organizational Politics and Affective Commitment," *Journal of Business Ethics*, September 2012
　　　　"Transformational Leadership and Job Satisfaction: The Mediating Effects of Perceptions of Politics and Market Orientation in the Japanese Context" *International Journal of Business Science and Applied Management*, 7(1), 2012

尾川丈一（おがわ　じょういち）

1982 年	慶應義塾大学経済学部卒業
1993 年	慶應義塾大学大学院社会学研究科後期博士課程社会学専攻（所定単位取得退学）
1991 年 9 月-1992 年 8 月	
	スタンフォード大学医学研究科行動科学教室：MRI（Mental Research Institute）リサーチ・フェロー
2003 年 9 月-2005 年 8 月	
	William Alanson White Institute（NY ネオ・フロイト派社会精神分析研究所）Post-Doctoral Program 修了
2009 年	神戸大学大学院経営学研究科後期博士課程（所定単位取得退学）
現　在	Process Consultation Inc. (San Jose, CA) CEO Ying Wang and Co., CPA's (Santa Clara, CA) Contractor
訳　書	『神経症組織―病める企業の診断と再生―』（共訳：亀田ブックサービス，1995） 『プロセス・コンサルテーション―援助関係を築くこと―』（共訳：白桃書房，2002） 『企業文化―生き残りの指針』（共訳：白桃書房，2004） 『部下を持つ人のための NLP（神経言語プログラミング）』（共訳：東京書籍，2005） 『DEC の興亡』（共訳：亀田ブックサービス，2007） 『イカロス・パラドックス―企業の成功，衰退，及び復活の力学―』（共訳：亀田ブックサービス，2006）

謝辞　インタビュー・座談会を作成するにあたって，テープ起こしや編集に，松本美央氏の神益を得た。ここに感謝の意を表する。尾川

■ 組織セラピー
　組織感情への臨床アプローチ

■ 発行日──2014年3月26日　初版発行　　　　　　　〈検印省略〉

■ 訳　者──尾川丈一・稲葉祐之・木村琢磨
■ 発行者──大矢栄一郎
■ 発行所──株式会社 白桃書房
　　　　　〒101-0021　東京都千代田区外神田5-1-15
　　　　　☎03-3836-4781　📠03-3836-9370　振替00100-4-20192
　　　　　http://www.hakutou.co.jp/

■ 印刷・製本──藤原印刷株式会社

　Ⓒ J. Ogawa, Y. Inaba, & T. Kimura 2014　Printed in Japan
　ISBN978-4-561-26608-2 C3034

　本書のコピー，スキャン，デジタル化等の無断複製は著作権法上での例外を除き禁じられています。本書を代行業者等の第三者に依頼してスキャンやデジタル化することは，たとえ個人や家庭内の利用であっても著作権法上認められておりません。
　落丁本・乱丁本はおとりかえいたします。

好 評 書

エドガー H. シャインの本

キャリア・ダイナミクス
　　二村敏子・三善勝代 訳　　　　　　　　　　本体価格 3800 円

プロセス・コンサルテーション　援助関係を築くこと
　　稲葉元吉・尾川丈一 訳　　　　　　　　　　本体価格 4000 円

キャリア・サバイバル　職務と役割の戦略的プラニング
　　金井壽宏 訳　　　　　　　　　　　　　　　本体価格 1500 円

キャリア・アンカー　自分のほんとうの価値を発見しよう
　　金井壽宏 訳　　　　　　　　　　　　　　　本体価格 1600 円

キャリア・アンカー　セルフ・アセスメント
　　金井壽宏・髙橋潔 訳　　　　　　　　　　　本体価格 762 円

企業文化——生き残りの指針
　　金井壽宏 鑑訳　尾川丈一・片山佳代子 訳　　本体価格 2800 円

組織文化とリーダーシップ
　　梅津祐良・横山哲夫 訳　　　　　　　　　　本体価格 4000 円

東京　白桃書房　神田

本広告の価格は本体価格です。別途消費税が加算されます。